感動心得分享（依姓氏筆畫序）

方新舟（財團法人誠致教育基金會董事長）：我們基金會跟立報辦「外婆橋計畫」辦了四屆，在台灣引起很大的迴響，不但公視拍了紀錄片，主流媒體報導多次。更棒的是，好幾個基金會認同這個計畫的價值，也跟進，讓台灣人有更多同理心去接納新住民。張正（還有他美麗溫柔的妻子雲章）是外婆橋計畫的發想人跟推手。除了外婆橋，他更爲人所知的是創辦四方報（二〇〇六）、唱四方（二〇一三）與移民工文學獎（二〇一四）。他的正義感及對弱勢族群的關懷是驅動他不斷創新的主因。這本書集結他過去四年對移民移工相關議題發表的文章。關懷台灣未來的人，可以在這本書裡「一起去人少的地方找寶藏」。

阮舒婷（四方報越文主編）：我與前總編張正一起在四方報工作將近八年，發現他對東南亞移民/移工付出很大的心力，他不但把移民移工當作朋友，傾聽心聲，更爲移民移工爭取相關的法律保障，且對東南亞的體驗是親身一點一滴累積起來的。有許多台灣人對東南亞有很多誤解，例如誤認越南是母系社會。身爲越南人的我，好想與他們辯論到底。幸好張正在這本書裡面導正了很多的問題。對於東南亞的知識，亞洲的國家大部分都以自己爲中心，台灣也不例外。怎麼說呢？比如移工爲了幫助家庭、改善經濟，所以來到台灣工作，雇主的對待就會影響到移工的工作表現。移工為什麼想逃？一定是受到不合理的待遇，所以才會想逃。想深入了解更多移民移工的故事，推薦您來一起讀這本書喔。

何榮幸（**「獨立評論@天下」主編**）：張正的文章常常挑戰文化禁忌，編者提心吊膽，讀者卻看得很爽。身為張正在「獨立評論@天下」專欄的第一個讀者，我用曾經提心吊膽的心情，推薦這本看得很爽的佳作。

陳芳明（**政治大學講座教授**）：東南亞似乎再也不是遙遠的地方，從那裡來的朋友，如今已經是我們的鄰居，甚至是我們家庭中的一員。台灣能夠持續經濟發達，能夠維持社會穩定，就是因為有東南亞來的移民、移工，貢獻他們的勞力與智慧，使我們的生活可以如常運轉。他們的生命與台灣的生活息息相關，或者說，他們正是我們的生命共同體。然而，我們並不認識台灣的新移民與新住民。現在是時候了，請你以感謝的眼睛看待他們，請你伸出友善的手接納他們。這本書，是認識外勞、外傭、外配新住民的關鍵鑰匙。

陳夏民（**逗點文創總編輯**）：《外婆家有事》打開了台灣人對於「地球村」的狹隘想像，行文風趣親切，不僅把東南亞的繽紛文化帶到讀者眼前，更不忘討論公平與正義，讓讀者理解什麼是眞實而不造作的國際觀，變得更體貼、更文明一些。

（文接後扉頁）

貓頭鷹書房

有些書套著嚴肅的學術外衣，但內容平易近人，非常好讀；有些書討論近乎冷僻的主題，其實意蘊深遠，充滿閱讀的樂趣；還有些書大家時時掛在嘴邊，但我們卻從未看過……

如果沒有人推薦、提醒、出版，這些散發著智慧光芒的傑作，就會在我們的生命中錯失——因此我們有了貓頭鷹書房，作爲這些書安身立命的家，也作爲我們智性活動的主題樂園。

貓頭鷹書房——智者在此垂釣

《外婆家有事：台灣人必修的東南亞學分》YK1055

作　　者　張正
企畫主編　謝宜英
特約責任主編　莊雪珠
校　　對　李鳳珠
美術編輯　歐陽碧智
封面設計　雅堂設計工作室

行銷統籌　張瑞芳
行銷專員　段人涵
總 編 輯　謝宜英
出 版 者　貓頭鷹出版

發 行 人　凃玉雲
發　　行　英屬蓋曼群島商家庭傳媒股份有限公司城邦分公司
　　　　　104 台北市中山區民生東路二段 141 號 11 樓
郵撥帳號　19863813　戶名：書虫股份有限公司
城邦讀書花園：www.cite.com.tw
購書服務信箱：service@readingclub.com.tw
購書服務專線：02-25007718 ～ 9（週一至週五上午 09:30-12:00；下午 13:30-17:00）
24 小時傳真專線：02-25001990 ～ 1
香港發行所　城邦（香港）出版集團／電話：852-28778606 ／傳真：852-25789337
馬新發行所　城邦（馬新）出版集團／電話：603-90563833 ／傳真：603-90576622
印 製 廠　成陽彩色製版印刷股份有限公司
初　　版　2014 年 10 月／七刷 2021 年 7 月
定　　價　新台幣 300 元／港幣 100 元
ISBN　978-986-262-221-6

國家圖書館出版品預行編目資料

外婆家有事：台灣人必修的東南亞學分 / 張正著. -- 初版. -- 臺北市：貓頭鷹出版：家庭傳媒城邦分公司發行，2014.10
面；　公分. --
ISBN 978-986-262-221-6（平裝）

1. 區域研究　2. 東南亞

738　　　103017379

讀者意見信箱　owl@cph.com.tw
貓頭鷹臉書　facebook.com/owlpublishing/
【大量採購，請洽專線】(02)2500-1919

貓頭鷹書房 055

外婆家有事

台灣人必修的東南亞學分

張正◎著

貓頭鷹

外婆家有事：台灣人必修的東南亞學分

目次

推薦序1　從文化對等中，蓄積進步的能量　李美賢……8

推薦序2　沒修過張正的東南亞學分，別說你是台灣人　陳穎青……13

推薦序3　別讓無知跟傲慢，橫亙在人我之間　褚士瑩……17

作者序　異鄉人的如玉之島……21

PART 1　遠眺：在台灣談東南亞……27

一曲「啦莎莎揚」，半世紀恩怨情仇……28

誰的廟？神明世界何處惹塵埃……32

泰王過生日，全國一起慶祝父親節……35

迎向黎明，那位點燃民主火把的女子……39

一樣的月光，不一樣的中秋節……42

對越南一個積非成是的迷思……44

用貪婪豢養著貪婪，怎麼長進？ …… 48
同病相憐的皮蛋與鴨仔蛋 …… 52
米食文化的東南亞 …… 55
另一種形式的孔夫子周遊列國 …… 59
非主流的東南亞運動會 …… 62
揚威國際的羽毛球運動 …… 65
揮桿樂，高爾夫球入侵東南亞 …… 69
瀕臨破滅的非核家園 …… 72
東南亞的森林，誰的獵場？ …… 75
傲慢的文明，就是野蠻 …… 78
日本軍權入侵東南亞的功與過 …… 81
何處是我家？流徙各地的東南亞勞工 …… 85

PART 2

近觀：談東南亞在台灣 …… 89
我在台北尋找伊斯蘭 …… 90

台北車站開齋節，頭巾派對 …… 97
行腳台灣，尋找外籍移工 …… 101
台灣不是大天朝，東南亞不是番邦小國 …… 107
移民移工題材，電視連續劇不愛？ …… 110
南洋還是東南亞？練習取個不歧視的名字 …… 112
把移民移工拉進來，在地文化館的新任務 …… 114
南腔北調才是正常現象 …… 118
讓我們一起來講媽媽的話 …… 122
新住民二代：混血公主與王子 …… 126
派遣式外籍家務工，歡迎上路 …… 129
正義的本質，應該放諸四海皆準 …… 132
外籍勞工的春雨來不來？ …… 137
不讓你逃，政商勾結的「抓逃大聯盟」 …… 142
連菲律賓都騎在台灣人頭上？ …… 148
眞假便當文，菲勞歧視風波 …… 151

爭搶南海主權，台灣該有的立場……157

PART 3 思而行：踏出一步，寬闊了彼此世界……161

你有善待家中的外籍幫傭嗎？從洗碗看起……162
聖旨到！「承天興運皇帝詔曰」……164
有心，比什麼都珍貴……166
越南雙城記，一趟有任務的旅行……168
爲愛朗讀，聽聽他們說悅耳的母語……178
唱四方，在島嶼唱歌……180
如果在冬季，一個漁工……183
外婆橋計畫，送你一個難忘的假期……191
遇見心故鄉，驚豔四方畫展……194
異鄉的監獄，鐵窗內的煎熬……197
不只爲了十萬元：記第一屆移民工文學獎……203
社會企業，一起去人少的地方找寶藏……217

【推薦序1】

從文化對等中，蓄積進步的能量

國立暨南國際大學東南亞學系教授兼系主任　李美賢

幾年前，每次遇見久違的親朋好友，當他們得知我經常出入東南亞時，總是帶著難掩的同情之語說：「你怎麼都去『那種』地方？」近日，親朋好友對我的出入東南亞開始有了不同的看法，看法雖然不像去日本、美國、歐洲那麼不假思索的「絕對的正面」，但至少，他們開始對東南亞有著探索性的想像空間與好奇；日前我甚至聽到某好友對著另一位好友說：「啊，你還沒去過東南亞？」（意思是有點遜、遺憾、可惜！）

不論是上述自身的經驗或是諸多學術研究報告，都透露一件事：台灣社會對東南亞這個區域、各個國家或是對在台灣的東南亞人（新住民或是移工）的態度，逐漸有些變化。除了對東南亞的相關常識與知識的增長，過去許多強烈的刻板印象、強烈的歧視等等，漸漸得到討論、反省或修正。我的意思當然不是說台灣社會這幾年已全面地懂得友善政經文化的弱勢國家與族群，但我確實遇見或感知到更多想要認識及理解的心情。例如，今年（二〇一四年）伊斯蘭教開齋節後的第一個假日，大批信奉伊斯蘭教的印尼移工一如二〇一三年再度擠爆台北車站，但今年的台灣社會，大大少了對「台北車站被他們占領」的指責與謾罵，相反地，多了許多對伊斯蘭或伊斯蘭開齋節的好奇，以及對移工離鄉背井團聚過節的同理。這是明顯的進步與文明化！我可以毫不遲疑地說：張正對台灣這股進步的能量，扮演了醞釀與蓄發的角色，他的理念、堅持、實踐與行動，更是「迫使」台灣社會走向更文明的關鍵元素。而我，無心但有幸地見證了他的這一漫漫但堅決的「讓弱勢發聲」的長路。

張正在某種機緣下就讀了暨南大學東南亞研究所碩士班；我指導他的碩士論文（與成露茜教授共同指導），而那段時間正是台灣與越南互動深化的關鍵年代。他在埔里上課期間，造訪了每一家越南小吃店，遍訪了當時還未被「正名」的「越南新娘」。在以最草根的方式接觸在台的東南亞移民後，我明顯感受到他對學院風格的移民議題討論與研究，有強烈的不耐；對客觀與抽離的觀察，有強烈的不滿，他甚至宣戰般地告訴我：「改變台灣社會對東南亞人事物的傲慢與偏見，必須要用具體的行動介入，不能靠『你們』這種學術象牙塔有氣無力的宣傳、教育以及研究報告。」當時聽到他用「你們」頗爲驚訝、不舒服。但對日日爲俗事纏身的我，也沒力氣跟他釐清或爭辯，內心倒是暗暗嘀咕：「對對對，你最有理想，最有行動力，去吧，看你多有本事可以快速改變複雜重層的結構問題。」

當時對他昭示的理想，以及「想到了，就馬上行動」的行動力，打從心裡沒有太大的信心。因爲在我面前他永遠是吊兒郎當模樣，經常手叼一根菸，接近我時才假裝尊師重道（怕我過敏）地把菸捻熄；總是在剛談完話時立刻又叼起菸，叼著還沒點燃的菸跟我說：「老師要不要跟我們下山去吃越南河粉？」當我反問：「你這麼閒？」他每次都隨便亂回應，但有一次他回應我說：「老師，越南河粉這些小店是鬥爭的場域！」這個回應讓我印象深刻。不久我讀到他寫的這段話：

「前往」家鄉小店回到原生文化場域，以及新移民／工在此一場域的所有言語和行動，不能僅以「逃避」接待國視之，而更應該注意到其積極對抗接待國霸權的況味。平常他們處於接待社會的邊緣，甚至被視之爲低劣的他者，但是在「小店」裡，新移民／工才是主人，主人有權劃出一條屬於他／她的界線、一道屬於他／她的牆，將不會說小店語言、不愛吃小店食物的接待國人民掃出大門！這是我們的地盤，你們才是他者！再把鏡頭拉到小店外，其實新移民／工家鄉小店的出現本身，也是對接待國「嗆聲」。小店在招牌上用母國的文字寫著自己的店名，彷彿就是大聲宣示「我們在這裡」，在這條街上，「你我各據山頭、平起平坐」。

之後，我不曾再反問他「你這麼閒？」；相反地，在每次他跟我說「那老師掰掰囉！」轉身離去的吊兒郎當的背影，我看到了他的積極、堅定、熱血、反省與良心。

他的碩士論文延宕多年才付梓，但那延宕的歲月卻是他以實際行動改變台灣社會的關鍵時期。除了透過經常在報章雜誌寫文章推介東南亞各國的風土人情社會文化禮俗宗教之外，在已故成院長的大力支持之下，轟轟烈烈地開辦了定位爲「讓弱勢發聲」的媒體——「四方報」。草創時期，每一期出刊後，張正總是自己開車，白天黑夜、東南西北地運送「四方報」到與新移民有關或最接近新移民出沒的地方。還記得過了一段相當長的時間後，有一天他來電告訴我：「老師，我成功說服7~11，四方報可以在7~11上架了。」那是他第一次口齒那麼清晰，那麼不吊兒郎當（應該沒叼著菸）跟我說話，我感受到的是他風塵僕僕多年、歷盡千辛萬苦後，終於有了一些「斬獲」的興奮與安慰。也正是那天，他完全說服了我，我也自承錯估了他「讓弱勢發聲」的意志，也低估了他的行動影響力。

接著數年間，在大眾媒體、談話性節目、政府相關部會會議經常遇見他，看到他依舊吊兒郎當的身影，聽到他一貫的理念，感受到他越挫越勇的實踐決心與行動。漸漸地，在許多場合，一而再再而三聽到「喔，你是張正的老師?!」讓我眞實意識到他頗具威脅性的「名氣」。但「名氣」並沒有讓他懈怠，他運用了「名氣」這個資本，爲「讓弱勢發聲」這個理想，開啓更多的文化鬥爭場域。

偶爾與張正見面小聚，他總是興奮地分享諸多在公共政策影響上的「戰果」，更經常分享他與新移民及移工共織的故事，也許是太多故事太多情緒干擾了他的菸癮，幾乎已看不到他叼菸的模樣了。但持久不變的是他以「互爲主體的意識」，持續爲新移民社群的生計、福祉的正義而戰。也因爲他奮戰不懈的行動，台灣社會得以有機會在必須回應他咄咄逼人的正義壓力下，努力改善自身，向眞正的文明化靠攏。這本書部分涵蓋了東南亞知識的傳遞，其餘絕大部分可謂是他近年來在台灣爲新移民弱勢社群發聲的行動紀錄。每一篇文章都猶如一面鏡子，讓我們看到政經強勢者的野蠻、傲慢與偏見；少了學院文章格式的繁文縟節，在篇篇蹦自內心深處平實又眞實的文字裡，我看到了他的執著、他的熱血，以及撼動優勢結構的創意行動。

從「怎麼都去那種（東南亞）地方」到「啊，你還沒去過東南亞？」，是意識上的劇烈轉變。我相信，張正這本書的每一篇文章，都爲這個文明的轉向做出了貢獻。他要我幫他寫這個序，我深感榮耀，我也會驕傲地甘於「喔，你是張正的老師?!」這樣的位置。

【推薦序2】

沒修過張正的東南亞學分，別說你是台灣人

《老貓學出版》作者　陳穎青

我們對東南亞有什麼印象呢？網上流傳一個台灣人眼中的世界地圖，在巨大的台灣南邊、那個大約是菲律賓的地方，畫著一個黃顏色的海島，上面寫著「很多叫瑪利亞」的地方；而在疆界交錯的中南半島，地圖上沒有任何國界，只寫著那裡是「一些差不多的國家」；中南半島南邊呢，更慘，印尼和馬來西亞這兩個大國乾脆連畫都不畫，就憑空消失了（新加坡當然不用說）。

對台灣而言，這張地圖毫無疑問是個譏刺，嘲笑台灣愚昧孤陋的國際觀，不過這嘲笑實在機車得叫人啞口無言。

我們當然比地圖更好一點，好歹都知道泰國有人妖，峇里島有海灘，越南有新娘，還有迪化街到處可見特別強調南洋進口的魚翅、燕窩。但也就僅止於這樣了，更深一點，他們是誰？他們關切什麼？欣賞什麼？唱什麼歌（不妨試試 google 一下「Rasa Sayang」這首歌，

聽一遍那旋律，你會在腦海中一直轉個不停，這麼好聽的歌爲什麼以前從沒聽過）？打什麼拳（你也許知道泰拳，但是你知道菲律賓武術的威力嗎）？考慮什麼國家大事？跟鄰國處得愉不愉快？

他們有族群問題嗎？有環保問題嗎？山林保育不只是台灣的問題，也是全東南亞國家共同都有的問題。這是我們的鄰居，可是我們對鄰居的認識少得可憐。

張正的東南亞百科不只給我們這些應該知道的常識，也理直氣壯地爲各地文化辯護。例如，他講越南的鴨仔蛋，那個一般台灣人覺得詭異、噁心，不敢嘗試的異國怪滋味，他直截了當地反駁我們刻板印象裡認定很「噁心」的偏見。他的反駁邏輯嚴謹，無懈可擊，我的理性腦毫不猶豫就被說服了，下次如果有機會去越南，我就打算好好給它吃上一顆。

根據外交部移民署的估算，現在（二〇一四）台灣每十個國中新生中，就有一個是來自新住民家庭，而國小生比例更高，每八位就有一位是新台灣之子。新住民的下一代目前絕大多數正就讀國中小，幾乎遍及全台校園。到了二〇三〇年，台灣二十五歲青壯年世代，將有一成三是新住民二代。也就是說，每八位當中，一位就來自新住民家庭。

然而，我們對這樣的規模、數量幾乎是完全忽略的。這幾年在台北火車站年年上演的印尼移工爲了慶祝開齋節而「占據車站大廳」的事件，也透露了我們整個社會對這個最大的外籍看護工族群，完全視而不見的陌生。

新移民、移工已經是我們的親友、薪勞，成爲台灣的「天然成分」，張正在書中記錄他的另一個經歷：他想尋找伊斯蘭相關的書籍。儘管在以多元文化著稱的大台北，他找遍了新舊書店，找不到半本。我們有各式佛教、基督宗教、新時代（New age）圖書，但就是欠缺伊斯蘭教。而伊斯蘭正是印尼最大的宗教，也是來台看護印尼移工主要的宗教信仰。

多年以前（二〇〇六）我有一篇文章指出，新移民新娘是未來一百年台灣競爭力的基礎（http://goo.gl/FEibvx），因爲她們成爲台灣新的文化機會，讓我們跟整個東南亞建立了文化與血緣的雙重因緣。在服貿爭議之後，這個機會不只是文化交流或經貿價值，恐怕更是台灣如何避免鎖入中國最重要的機遇，具有無與倫比的戰略意義。

這個主張經過多年鼓吹，現在差不多已經在台灣關切這種問題的人之中成爲基本共識，但可惜的是在全體國民中，這種想法仍然是非常少人認同的。我們大部分同胞對新移民要嘛忽略，要嘛歧視，幾乎不曾想過他們是台灣的資產，是我們之中新的一員。我們應該尊重他們所來的故鄉，讚美、鼓勵新世代的台灣人擁有雙重的文化以及雙重的認同。讓他們擁有尊嚴的認同，台灣也會同時受惠。

張正這本書是一個強力的提醒，警醒我們的無知，勸誡我們的傲慢，展現我們可以有怎樣的可能去腳踏實地了解台灣的新成員，協助他們參與這個土地，讓他們成爲台灣同樣尊貴的成員。這幾年來張正參與推動的「四方報」、「外婆橋計畫」、「移民工文學獎」，是扎扎實實的基礎工程，而這本書則是回頭喚醒我們的邀請。

只要看看這本書展現的，我們的新同胞出身的母國也是那樣豐饒、精彩、曲折，以及心酸，跟台灣走過的路毫無分別，你會更同理，更包容，更認識。台灣會因爲這樣而成爲多元文化薈萃激盪的地方，沒有其他地方比得上。

這是今日台灣我們每個人的新功課，每個人都要修。

【推薦序3】

別讓無知跟傲慢，橫亙在人我之間

NGO工作者　褚士瑩

從學習語言這件事，其實可以看出一個社會的國際觀。

很多人覺得台灣的教育制度很「國際化」，全台灣所有設有語言系所的大學院校，大學部跟研究所加起來一共有六八〇所，科系從熱門的英文、日語，到較冷門的德語、法語、西班牙語，甚至連已經不再使用的古希臘文、巴利文、梵文、滿文都有。

但是拿著放大鏡近觀，不免發現一個奇特的現象，那就是除了日語和韓語這兩個東北亞的語言以外，全國的外語教學幾乎全部是歐洲語言，東南亞語言完全不存在，彷彿台灣並不在亞洲，而是歐洲的一部分。

鄰近的日本，自從二次世界大戰以後，只要有設外語學系的大專學校，凡開課教授英語、法語、德語的學校，幾乎也都設有越南語、泰文、緬甸語，所以我在東南亞各地工作，無論是寮國還是柬埔寨，印度或孟加拉，各行各業都不時遇到來自日本優秀的語言人才。

反觀台灣，直到最近五年以來，政大、輔大、北科大等三所大學，加上二〇一四年剛成立的暨南大學東南亞學系，才終於在校內開設越南語、泰語、印尼語、緬甸語的課程，台大聘用兼任講師教菲律賓語、越南語、泰語、馬來語提供選修，但有趣的是，竟然全都在日文系底下。嚴格說來，只有高雄大學的東亞語文學系，是目前國內唯一正式設立東南亞語言的學系。總之，在全台灣一五九所大學院校、六八〇個語言相關系所中，只有五個東南亞語言的課程，形容爲「屈指可數」絕不爲過。

最近在一份日本主流報紙上，恰好看到一篇講述學習語言經驗的文章。受訪者是日本資深翻譯家松岡佑子，原本在日本經營一家沒沒無聞的小出版社，因爲雀屏中選得到哈利波特的日本版權而爆紅。

她提到早在一九六二年，也就是距今超過半個世紀以前，當時她因爲大一英文成績優異，得免修三個學期的英語，突然多出很多時間，乾脆去挑戰所謂的「通譯案內業」的口譯認證檢定。經過這個考試合格的人，才能向外國遊客導覽解說日本的歷史古蹟，她是當時最年輕獲得口譯導覽執照的人。

好奇之下，我到主辦這個口譯檢定考試的日本觀光局網站，才知道遠在五十多年前，日本的口譯考試除了英文、德文外，就已經有泰語、俄語等一共十種歐洲跟亞洲語言，而且任何國籍人士都歡迎報考。

除了日本之外，台灣是唯一一個有類似口譯證照制度的國家，在二〇〇八年以後才開始實施。但是台灣所謂的「翻譯能力檢定考試」，只有英文一個語言。現行的「外語導遊考試」分英語、日語、法語、德語、西班牙語、韓語、泰語、阿拉伯語等八種語言應試，如果將導遊考試跟比較簡單、不需要第二階段的面試與口試的外語領隊考試算進去的話，以二〇一二年的數據爲例，將近有十二萬人報考，全程到考的約有十萬人，及格人數約三萬五千人：英語領隊四八八三人，英語導遊二四六一人；日語領隊七六一人，日語導遊四八四人；法語領隊六十一人，法語導遊三十名；德語領隊九十名，德語導遊三十五名；西語領隊八十五名，西語導遊四十名。

二〇一三年以後終於增列了俄語、義語、越南語、印尼語及馬來語五種外語導遊人員考試。雖然每年台灣有一百多萬名來自東南亞國家的遊客，但是有證照的東南亞語導遊卻供不應求，至二〇一三年底爲止合格者只有四十一位，其中泰語三十三人、印尼及馬來語七人，越南語只有一個人。也就是說，二〇一三年來台的約四萬五千名德國以及其他說德語的旅客，有九十個德語領隊加上三十五個德語導遊可以進行服務，但是十二萬名越南旅客，卻只有一個合格的導遊。

原來，我們都生活在一個整整晚了松岡佑子半個世紀以上的平行時空。

日本認爲外語能力可以讓任何人都成爲「民間外交官」，扮演國際親善大使的功能。但是台灣的「中英文翻譯能力檢定考試」或是「外語導遊/領隊考試」，卻暗示著只有翻譯英文的是人才，至於學習其他外國語言的目的，就是爲了要「當導遊」，而且限制只有本國國民才能報考，在台灣居住、工作的外國人，是沒有資格應考的。

台灣語言教育的制度，實際上反映了台灣長久以來對於東南亞的歧視。這樣系統化的歧視，隨著時間的推移，又成了加深種族歧視的凶手。

在閱讀《外婆家有事》這本關注在台灣的客工、新移民的書時，我突然想起多年前當我在泰國上語言學校時，我在台灣的朋友毫無惡意地說：「你爲什麼要學他們的土話？」

當時我的心覺得像被什麼尖銳的東西戳了一下。「是什麼樣的無知跟傲慢，讓台灣的人覺得只有自己說的語言才叫做『國語』，別人的國語就變成了『土話』？」這正是爲什麼，身爲台灣人，我們需要透過關心在台灣的外來族群，還有更多的自覺，吸收更多課本沒教的東南亞知識，努力補上這個巨大的缺口，讓我們成爲終結這個歷史錯誤的一代。

學習一個異國語言，認識一個異文化的目的，從來就不是爲了要征服世界，因爲世界一直都在那裡。但是這樣的學習，卻可能讓我們因此發現一個全新的自己。

【作者序】

異鄉人的如玉之島

據說，當年葡萄牙水手驚豔於台灣之美，以「Formosa（美麗之島）」讚嘆之。二次戰後初至台灣的「外省人」，詩意地以「綠島」形容台灣的花木扶疏處處蒼翠，無奈而後關押政治犯的綠島太出名，就沒有人以「綠島」稱呼台灣了。談起台灣的好，我們常常驕傲地自稱「寶島」，不過有時島上發生了狗屁倒灶的事，我們也毫不客氣地諢稱這裡是「鬼島」。

這幾年，我因為「四方報」而接觸越南朋友，才知道越南人對台灣也有個非正式的正面稱呼：玉島（Đảo Ngọc）。顧名思義，台灣是越南人眼中的築夢之地，豐饒美麗如玉。除了越南，基本薪資高於多數東南亞國家的台灣，的確是不少東南亞朋友心嚮往之的「玉島」。

一九八九年，台灣社會普遍脫貧，基層勞動力極度欠缺，於是政府以「專案方式」引進第一批東南亞勞工，投入台北捷運、核能電廠等多項大型建設。然而，豈能只許州官放火？爲了滿足也同樣缺工的民間企業，《就業服務法》於一九九二年通過，允許民間產業引進外勞，並逐次放寬引進的行業種類。時至二〇一四年，來自越南、泰國、印尼、菲律賓的四國

「合法」勞工，人數已達五十萬，而以「非法」身分爲台灣人工作的，人數也超過四萬。

約略同一時期，台灣男子因爲娶妻不易，紛紛前往東南亞尋找另一半。時至今日，主要來自越南、泰國、印尼、菲律賓、柬埔寨等五國的婚姻移民，約爲二十萬人左右。

二十萬婚姻移民、五十萬工作移民，再加上俗稱「逃跑外勞」的四萬非法工作移民，總數超過七十萬人。以台灣二千三百萬人口來算，等於每三十三個生活在台灣的人，就有一位來自東南亞。他或她，可能是工廠的勞工，可能是照顧老人病人的看護，可能是台灣人的親戚，可能是台灣人的母親。每一位移工移民，都是她/他們的台灣牽手或台灣雇主「邀請」來的，而每一位台灣人的日常生活，也都與她/他們息息相關。

常有人問：「台灣哪些地方的外勞（移工）、外配（新移民）比較多？」其實，哪裡有台灣人，哪裡就有東南亞移工移民。在大都市的豪宅裡？有，他們替四體不勤、五穀不分的宅男貴婦打理家務、照顧老小；一般城鎮的大街小巷？有，他們烹煮南洋料理，或者施展例如泰式按摩的母國手藝。那麼，窮鄉僻壤山顛水湄呢？也有，他們養豬捕魚種田摘果，或者在販賣浪漫的民宿後台，幫忙整理房間、收拾善後。

東南亞朋友更多更集中的所在，是遍布台灣各地的工業區。不論大型電子工廠或小型傳統工廠，各種單調乏味、又髒又難又危險的工作，都靠他們。而每個工業區，必定伴隨出現東南亞聚落，店家的門面寫的不是中文，越、泰、印、菲比鄰，食衣住行育樂，一應俱全。而火車站、客運站周圍，也早已發展出或大或小的「東南亞經濟圈」。緊鄰台北火車站的北平西路印尼街、台中火車站前的第一廣場，或是桃園與中壢的交通輻輳之處，每逢假日，耳中聽聞皆是南洋語音，舉目所見均非華夏面容，不必搭飛機，已經離開台灣。

若再加上二次戰後從越南、印尼、泰緬邊界來台的華人，以及風塵僕僕提著一卡皮箱到東南亞打天下的台商，還有外婆家在東南亞的新移民二代，台灣和東南亞的關係，實是千絲萬縷。就算台灣在地理上不被劃爲東南亞的一部分，但至少，台灣有一部分的文化、語言、血緣、經濟，已經無可逆轉地「很東南亞」了。只可惜，主流社會尚未給予足夠的正視。

我偶爾會故意問問周遭的台灣朋友：「你知道柬埔寨、高棉、寮國、老撾這四個國家名稱，是指幾個國家？誰在南、誰在北？」許多人聽得面露驚恐之色，能夠正確回答的人有限。沒辦法，向強者、富者靠攏，是人之常情。歐美日韓的影響力遍及全球，中國更是台灣不得不面對的強大力量，雖然台灣緊鄰東南亞，雖然那麼多東南亞朋友在台灣，但是，台灣該如何正面且健康地與之交流，還得慢慢醞釀。

不過，也沒那麼悲觀。以多元文化爲目標，爲東南亞移民移工爭取權益的努力，已經在台灣各個領域陸續展開。社運團體跨越族群界線爲移民移工發聲，各地有婚姻移民自行組織的協會，除了「四方報」之類的東南亞平面文字刊物之外，也出現「愛上這一家」、「唱四方」等以東南亞語文發音的電視節目；而政府部門在校園內推動「火炬計畫」，在各地博物館舉辦的東南亞文化展覽，更大規模地從基層鼓勵多元文化。

千百年來，不斷有新的文化與血緣加入台灣，即使有些碰撞、難免衝突，但都不是不能克服化解，也造就了今天的我們。玉，石之美者，被賦予「仁、義、智、勇、潔」五德，不論原住民舊住民新住民，我衷心希望，台灣是所有人的「玉島」。

這本書，收錄了這幾年我在各類報章雜誌發表的文章，包括與移民移工的相處、在東南亞的見聞，對相關議題的思索，以及一些可能過於莽撞的行動。感謝「國語日報週刊」的黃聰俊，感謝「聯合報」繽紛版的熊編，感謝獨立評論@天下的榮幸、典寰和莉雅，也要感謝其他刊物的工作人員，謝謝你們讓我有機會發表這些文章。

同時也要謝謝暨大東南亞研究所的老師與同學，謝謝我遇到的所有東南亞朋友，你們開啓了我的視野。謝謝方大哥、童先生、蔡董、潘姊，以及許多善待寄居者的台灣人，各位讓台灣成爲一座更好的島嶼。最後，謝謝父母和親友長年包容我的恣意妄爲，謝謝妻子雲章相伴同行，也要謝謝曾經和我一起打拚努力的「四方報」同仁，特別是舒婷和繼芬，請原諒我的離去。當然，更要謝謝露茜社長的引領，出書之後，會去墳上燒一本給您。

東南亞位置圖

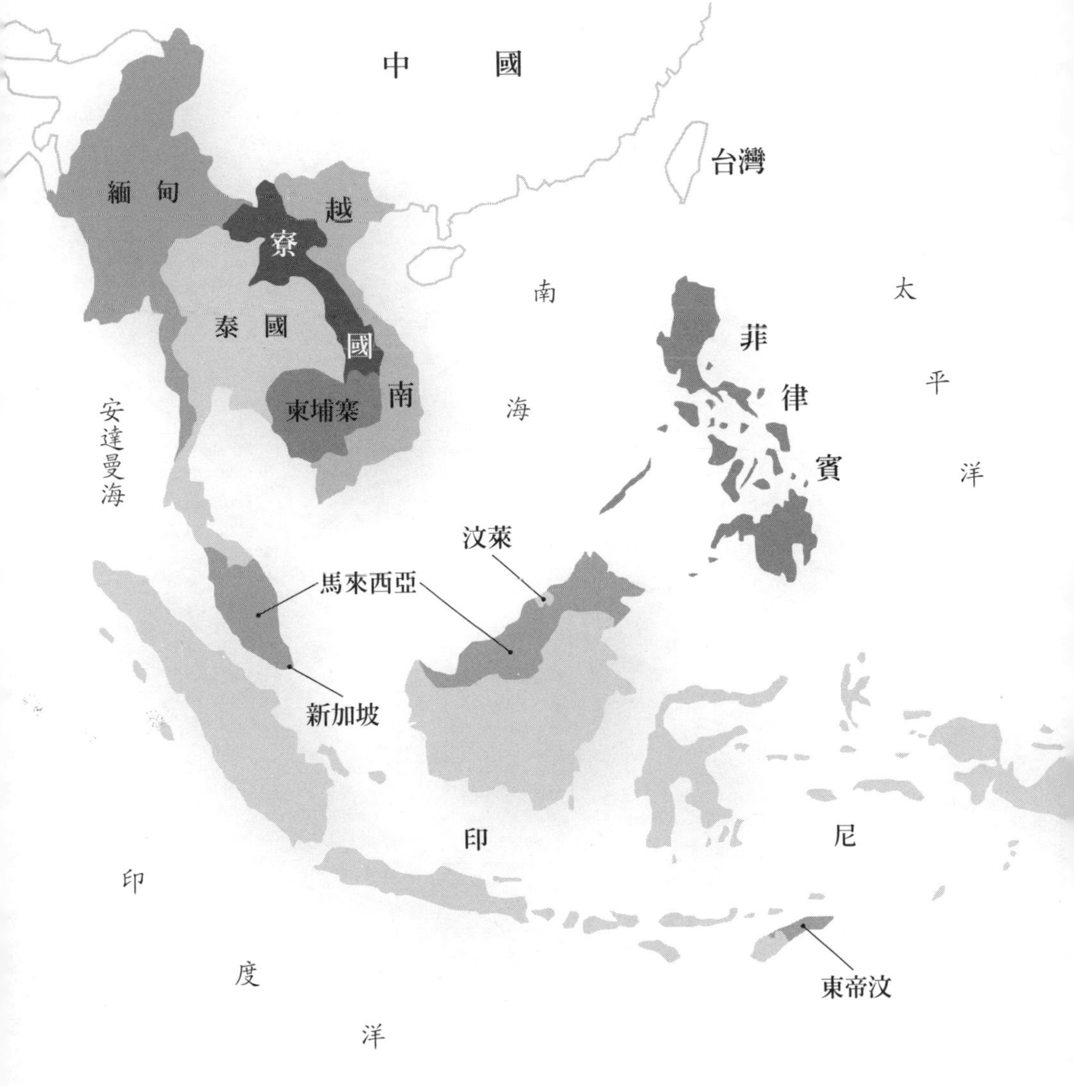
中國
台灣
緬甸
越
寮
國
泰國
南
東埔寨
南
海
太
平
洋
菲
律
賓
安達曼海
汶萊
馬來西亞
新加坡
印
尼
印
度
洋
東帝汶

Part 1
遠眺：在台灣談東南亞

要了解一個國家何其困難，要了解整個東南亞當然更不簡單。在這裡，讓我們從文化、食物、運動、時事、信仰等入手，以不同主題單點切入的方式，看看與台灣親密卻又陌生的東南亞各國，在我們刻板印象下的眞實樣貌。

一曲「啦莎莎揚」，半世紀恩怨情仇

Rasa sayang, hey!,
Rasa sayang sayang hey,
Hey lihat nona jauh,
Rasa sayang sayang hey!
我墜入愛河了！
我墜入愛河了！
瞧那遠方的姑娘啊！
我墜入愛河了！

「啦莎莎揚（Rasa Sayang）」，是一首曲調輕快的馬來民歌，在印尼、馬來西亞、新加坡等地，幾乎人人都能琅琅上口。不過這首好聽的歌曲，卻引發了印尼與馬來西亞兩國的爭議。怎麼回事？

兄弟鬩牆，剪不斷理還亂的兩國關係

第二次世界大戰之前，在印尼和馬來西亞建立之前，兩國目前所在的大大小小上萬個島嶼上，存在許多小王國。這些島嶼及其人民，受到英國、荷蘭、葡萄牙等西方列強數百年的宰制，直到二次大戰後國際勢力洗牌，加上當地知識分子受到現代民族國家的思想洗禮，才陸續追求獨立。粗略地說，印尼脫離荷蘭獨立，馬來西亞脫離英國獨立。

一九四五年建國的印尼，與一九六三年建國的馬來西亞，都是以馬來民族爲主要人口的多民族國家，伊斯蘭教也是這兩國人民主要信奉的宗教。在語言上，馬來西亞的官方語言是馬來語，而印尼的官方語言則是以馬來語爲基礎而訂定的印尼語，兩者略有不同，但可互相理解，有人將其比喻爲英語和美語的差異。

也許是因爲太親近太相似，從一開始，兩國的關係就極度緊張。

馬來西亞在一九六三年準備組成聯邦時，先前已建國的印尼便激烈反對。當時的印尼總統蘇卡諾（Bung Sukarno）認爲，這是西方帝國主義顚覆印尼的陰謀。他更在印尼國內發起「粉碎馬來西亞」的政治運動，並揚言出兵攻擊馬來西亞。

雖然最後馬來西亞聯邦還是成立了，不過先前的放話顯然不是個好兆頭。幸虧印尼總統蘇卡諾下台之後，兩國各自忙於內政，平靜了好一陣子。但兩國比鄰，領土和領海問題一直沒能徹底解決，彼此的衝突齟齬勢所難免。

隨著馬來西亞的工商發展大有起色，亟需國外勞力補充，於是鄰近且文化語言相近的印尼勞工便成了首選。恰好印尼也因爲人口眾多就業不足，大量輸出勞力至馬來西亞，至今已有超過一百萬印尼勞工在馬來西亞工作。這原是互蒙其利的合作，但卻也成爲兩國反覆衝突的導火線：印尼勞工在馬來西亞是否受到虐待？或者，是否危害當地治安？

尤其到了二〇〇五年，雙方因爲蘇拉威西海域的石油開採權利發生嚴重爭執，甚至派出軍艦戰機宣示主權，瀕臨戰爭邊緣。

情歌下糾葛的民族意識

從兩國的恩怨一路看下來，就不難理解「啦莎莎揚」這首談情說愛的馬來民歌，怎麼會變了調。

在原本即已緊繃的關係下，二〇〇七年，馬來西亞政府旅遊局將這首「啦莎莎揚」當作觀光宣傳影片的配樂。印尼對此非常憤怒，指責馬來西亞是文化盜賊，除此之外，印尼也指控馬來西亞將蠟染、木偶等傳統文化占爲己有。但是馬來西亞反駁，這首歌屬於所有馬來族群。

雙方似乎都沒錯。當印尼還是荷蘭殖民地時，荷蘭即已使用這首歌招攬觀光客。印尼獨立之後，也以這首歌作爲亞運會中的印尼代表歌曲，並把這首歌當作幼稚園的音樂教材。但是在馬來西亞這邊，早在建國之前，馬來西亞製作的電影裡也早已採用了這首歌。

「啦莎莎揚」的爭議，鑲嵌在印馬兩國半世紀的糾結歷史之中，短期內肯定難以解決。但無論如何，這絕對是一首好聽的歌。

上網搜尋 Rasa sayang，找來聽聽吧！

誰的廟？神明世界何處惹塵埃

泰國與柬埔寨，這兩個虔誠的東南亞佛教國家，最近爲了一座印度教寺廟兵戎相見，鬧到國際法庭下令兩國撤軍。怎麼回事？

引起爭議的柏威夏寺（Preah Vihear Temple／泰文ปราสาทพระวิหาร／柬文ប្រាសាទព្រះវិហារ），建於印度教仍流行於東南亞的西元九世紀，寺中原本供奉印度教濕婆。十三世紀後，隨著印度教在這一地區的衰敗，柏威夏寺逐漸融合佛教元素，成爲佛教寺廟。

柏威夏寺建於陡峭山崖，融和自然景觀、建築藝術和宗教功能爲一體，寺內處處皆是精美的古代石雕，雖歷經千年滄桑，然風華不減。二〇〇八年，柬埔寨以柏威夏寺向聯合國教科文組織申請世界文化遺產，順利通過，卻也因此掀起風波。

法國的爛攤子，邊界圖惹議戰火起

柏威夏寺位於泰柬兩國邊境海拔五二五公尺的馬誇山上，靠柬埔寨這邊是陡峭的山崖，香客只能由泰國一側沿山坡拾級而上進入寺廟。

一九〇四年，當時的暹羅（現今泰國）與殖民柬埔寨的法國官員協商邊界，雙方同意沿馬誇山山脊劃定邊界。由於柏威夏寺位於崖頂，若按照山脊劃邊界，柏威夏寺應在暹羅界內。但法國官員在三年後拿出的邊界圖，柏威夏寺卻被劃入柬埔寨一側。國勢較弱的暹羅政府儘管有異議，但仍接受了法國提出的邊界圖。而這張圖，也成了日後國際法庭判決的重要依據。

柬埔寨於一九五三年脫離法國獨立，泰國軍隊隨即於次年占領柏威夏寺，柬埔寨一狀告上了國際法庭。國際法庭依據當年法國繪製的邊界圖，判定該寺屬於柬埔寨，泰國應歸還寺內原有文物。泰方抗議，表示那張邊界圖違背常理，是在法國強勢主導下的無效文件，國內也掀起大規模示威。但事隔一年，泰國仍屈服於國際壓力，自該寺撤軍。幸虧柬方也釋出善意，表示泰國公民進入寺廟無須辦理簽證，泰國政府也不必歸還寺內流失的文物。

原本就此相安無事，但是在二〇〇八年柏威夏寺成爲世界文化遺產之後，雙方再起爭議，甚至兵戎相見，互有傷亡，當地百姓也紛紛走避。海牙國際法庭二〇一一年七月決定，泰柬雙方必須立即停火，自該寺周邊撤回軍隊。兩國雖然心不甘情不願，但彼此都知道短時間內不可能得到滿意的結果，也就暫時休兵。

上帝的不歸上帝，凱薩的還是歸凱薩

泰國和柬埔寨兩國，相似之處甚多：兩國都有皇室制度；兩國多數人民皆信仰佛教；每年的四月，兩國都慶祝潑水節。不過這些相同之處，並不能保證彼此不起爭執。

對於柏威夏寺的爭端，有人說，柬埔寨是爲了賺更多的觀光財，所以急著將柏威夏寺申請爲世界文化遺產，導致泰國方面不滿。也有人說，泰國之所以態度強硬，是因爲反對派煽動民族主義，迫使泰國政府必須採取激烈的軍事行動。

這些都是理由，但是對於化解爭端沒有幫助。由於說不清的糾葛歷史，即使國際法庭今天再將柏威夏寺判給泰柬任何一國，另一國必定還會抗議，然後不久之後，再起爭端。

柏威夏寺究竟是哪一國的？或許不該這樣問。基於宗教信仰而存在的各式建築，理應是諸神諸佛的領地，怎麼會屬於世俗的「國家」呢？該問的是，千百年來，各國的疆域隨著各國國勢的強弱而消長，然而，人民的幸福是不是也隨之起伏呢？

泰王過生日，全國一起慶祝父親節

如果召開家庭會議，決定將爸爸生日那天定爲全家的父親節、媽媽生日那天定爲母親節，可以嗎？當然可以，反正這是我家的事。

如果有個國家，決定將國王的生日定爲父親節、皇后的生日定爲母親節，可以嗎？當然也行。泰國就是這樣，十二月五日是國王的生日，同時也是泰國的父親節。

泰國人民如此尊敬、熱愛他們的國王，法律中甚至有嚴格的「冒犯君主罪」，凡是侮辱國王或王室者，最輕判刑三年，最重得關十五年，世所罕見。不過，並不是一直都這樣唷！

在其位謀其政，泰皇是國家之魂

當今的泰國王朝稱爲曼谷王朝（泰語 จักรี），由拉瑪一世（Rama I）建立於一七八二年。最初的泰國與一般的王朝沒兩樣，國王擁有至高無上的權力，也實際處理政務。但是到了一九三〇年，世界經濟大蕭條，泰國稻米出口所得銳減，經濟赤字嚴重，王室束手無策，人民不再信任國王。

一九三二年，主張「推翻貴族專政」、「建立君主立憲政體」的人民黨政變成功，建立軍政府。雖然軍政府仍奉國王爲國家最高領導，但也規定國家最高權力爲人民所有、議會有權制定一切法律，國王已無實際權力。

然而，君主立憲並不能保證國家太平無事，泰國仍是一片混亂，各地軍事叛亂頻傳，政權更迭，泰王的位子也搖搖欲墜。眼見無力回天，拉瑪七世稱病遠走英國，客死他鄉；繼位的拉瑪八世，甚至在皇宮內遭到槍殺。而現任的泰國國王拉瑪九世蒲美蓬（Bhumibol Adulyadej）於一九四六年繼位時，年僅十九歲，軍政府根本沒把他看在眼裡。

不過，世事難料。一九五七年，在蒲美蓬國王的同意下，沙立（Sarit Thanrat）將軍成功發動政變，而沙立將軍爲了強化自身威信，也傾全力呼籲全國對國王效忠。蒲美蓬國王在這段期間出席各種公共慶典、巡視各地，逐一恢復過去一些被廢除的儀式，例如皇家農耕大典，以及晉見國王時必須匍匐在地的禮儀。慢慢地，泰國國王贏得了昔日的尊崇地位。

蒲美蓬國王的泰文全名是 พระบาทสมเด็จพระปรมินทรมหาภูมิพลอดุลยเดชมหาราช，意思是「土地的力量，無與倫比的力量」。他受到泰國人普遍且眞心的愛戴，擁有「國土之王」、「偉大戰士」、「國家之魂」等等尊稱。

幾乎所有的泰國老百姓提到蒲美蓬國王時，都對他全國走透透、探視民間疾苦的事蹟如數家珍。而他所居住的皇宮，實際上就是個龐大的農、漁、牧實驗場，蒲美蓬國王親力親爲帶領進行各種實驗，然後再將實驗成果轉移給民間。

另一方面，蒲美蓬國王的多才多藝也令人吃驚。他是作家與翻譯家，著作豐富，同時也是擁有音樂博士學位的音樂家，能演奏樂器，能塡詞譜曲。他還是一名運動員，愛打羽毛球，更是風帆好手，曾經代表泰國參加東南亞運動會贏得金牌。他甚至是一位人造雨專家，擁有一項稱之爲「種雲」的人造雨專利技術。而且，如果必要，蒲美蓬國王還可以親自駕駛飛機進行人造雨！因爲他有機師執照。

泰國版的白色恐怖：冒犯君主罪

只是譽之既來，謗亦隨之。對蒲美蓬國王以及泰國王室制度的批評不少，但是這些聲音在泰國本地並不容易聽到，因爲有「冒犯君主罪」。在泰國，任何「誹謗、侮辱或威脅國王、王后、王儲或攝政王」者，例如損毀國王的照片、聽到國王歌曲不起立，或者發表批評國王的言論，都可能面臨三至十五年的牢獄之災。而泰國媒體在報導有關泰國王室的新聞時，也都會噤若寒蟬地進行自我審查。

在言論自由被奉爲普世價值的今天，泰國的「冒犯君主罪」顯得有點格格不入，讓很多人忍不住想冒犯一下，尤其是不明就裡的外國人。一些泰國學者也對這條法律多所質疑，認爲這條法律除了壓制言論自由與學術自由之外，還成了政治人物彼此報復的工具。

但是另一派則堅決主張維持這條法律，因爲國王是國家安全的支柱，「在泰國，爲了國家安全，你的言論自由可能必須妥協」。

國王自己怎麼說呢？蒲美蓬國王曾經在二〇〇五年慶祝生日的演說中，表示歡迎批評：「事實上，我必然也會受到批評。我並不害怕指責我做錯的批評言論，因爲至少我知道了，國王也會犯錯誤。」國王自己不怕被批評，但是法律依舊這麼規定。怎麼辦？解鈴還需繫鈴人呀！

迎向黎明，那位點燃民主火把的女子

緬甸北鄰世界屋脊，南面印度洋，國土像一只大風箏，面積六十七萬六千五百八十平方公里，約有十九個台灣大。境內出產包括寶石與石油等多種礦產，遍布包括珍稀高級柚木在內的廣袤森林，而肥沃平原所生產的稻米，一度占有全世界三分之二的出口量。她在一九四八年脫離英國獨立之後，似乎就要迎向美好的未來。但是，事與願違。

跨國企業撐腰，軍人專政

緬甸五千五百萬的人口中，六成是緬族，主要居住於中部平原，主掌獨立之後的軍隊與政權。其他還有撣族、克倫族等一百多個民族，分布在周圍的高地。

緬族爲主的緬甸軍政府惡名昭彰。在獨裁統治下，緬甸經濟長期停滯，人民生活困苦，尤其緬軍以燒、殺、搶、強姦、迫遷等手段對付少數民族，更爲世人所詬病。少數民族視緬軍如惡魔，他們逃離家園，躲藏在深山密林中，或者越過邊境，落腳於泰緬邊境的難民營。

然而，緬甸軍政府爲何如此泯滅人性？除了緬族與其他種族之間長久以來的歷史恩怨外，商業利益也是不可忽略的重大因素。

少數民族世居之地，正是緬甸礦產、石油、森林之所在，也是跨國企業眼中油滋滋的大肥肉。於是，少數民族成了必須排除的「障礙」。軍隊負責前方掃蕩，跨國企業獲取利益後再回饋給軍隊，兩者踐踏著少數民族的血淚，狼狽爲奸，共同獲利。由於有跨國企業的財力撐腰，即使面對國際輿論的壓力、經濟的制裁，軍政府亦老神在在，不爲所動。

民主的希望，緬甸之花翁山蘇姬

緬甸人民半世紀的苦難中，有一位在國際上被譽爲「緬甸之花」、在國內被暱稱爲「蘇阿姨」的指標性人物——翁山蘇姬。翁山蘇姬的父親翁山將軍，是一九四七年協助緬甸擺脫殖民地位的獨立英雄，但不幸遭到暗殺身亡。年幼的翁山蘇姬跟隨身爲外交官的母親在國外求學，畢業於英國牛津大學，並與英國學者阿里斯（Michael Aris）結婚生子。原本在英國過著舒適生活的翁山蘇姬，四十三歲返回緬甸探視重病的母親，人生也面臨重大轉折。那是一九八八年，緬甸爆發大規模民主遊行，遭到軍政府血腥鎮壓。這時人在緬甸的翁山蘇姬開始參與政治，並追隨印度聖雄甘地的方式，和平推行民選制度，但隨即遭到軟禁。

在巨大的國際壓力下，緬甸軍政府於一九九〇年舉行大選，而翁山蘇姬領導的「全國民主聯盟」，也在選舉中取得壓倒性的勝利，她理應成爲緬甸的總理。但軍政府卻拒絕承認選舉結果，繼續軟禁翁山蘇姬。

從一九八八年回到緬甸開始，翁山蘇姬多半時間都被軟禁在住處。期間，雖然曾經獲得諾貝爾和平獎，曾經得到軍政府的允許去英國探視家人，但是她都拒絕離開緬甸。因爲她知道，一旦離開，就再也回不來了。而等不到翁山蘇姬的英國丈夫，則在一九九九年過世。

直到二〇一〇年十一月，長期由軍政府把持的緬甸舉行了二十年來的首次大選，並且在詭譎難辨的國內外因素下，撤銷了對翁山蘇姬的軟禁。二〇一一年八月，緬甸總統吳登盛（Thein Sein）❶與翁山蘇姬會面，官方報紙也不約而同地停止批評西方媒體；同年十一月，特赦數以千計的政治犯。二〇一二年四月，翁山蘇姬領導的全國民主聯盟在國會補選中獲得壓倒性勝利，包括她本人在內，拿下四十五席中的四十三個席位（緬甸國會席次共六六四席）；同年，翁山蘇姬在返回緬甸二十四年後首次踏出國門，馬不停蹄地前往世界各國訪問、領獎，並預計角逐二〇一五年的緬甸總統寶座。

緬甸，這個物產豐饒但又多災多難的國度，似乎看到了一絲曙光。

---

❶緬甸人的名字有名無姓，吳不是姓氏，而是緬甸人對男性長輩的尊稱，就像我們稱某某先生一樣。

一樣的月光，不一樣的中秋節

不論哪一國人，對於高掛空中的明月，總是心生嚮往。尤其是農曆八月十五中秋節的滿月，更被華人世界賦予了最神祕、最浪漫的想像。

華人世界的中秋節有什麼傳說、該怎麼玩，相信大家都很熟悉了。但是你可知道，在越南，同樣非常重要的中秋節，卻是一個屬於小朋友的節日！

中秋節提燈籠，眞的假的？

在越南，中秋節稱爲 Tết Trung Thu，「Tết」是節，「Trung Thu」是中秋。中秋節之前，街上大大小小的商店裡，早已掛滿各式各樣色彩繽紛的燈籠，因爲這一天，是小朋友提著燈籠結伴上街玩樂的好日子。而大人們爲了讓小朋友開心，也會準備各種禮物、餘興節目。

爲什麼越南的「中秋節」成了「兒童節」？有人說，這是因爲中秋節之前，正是稻穀收割的季節，大人們忙於農事沒時間陪小孩。所以到了中秋節這天，農事告一段落，也正好以小朋友爲中心，全家團聚，一起說故事、吃月餅、賞花燈、看舞龍舞獅的表演。

對於在農曆正月十五元宵節提燈籠、賞花燈的台灣人來說，可能會覺得越南的習俗很奇怪。不過，其實中國南方、東南亞各地，也都是在中秋節提燈籠、賞花燈唷！如果他們知道台灣人喜歡在中秋節烤肉，應該也會皺皺眉搖搖頭，覺得不可思議吧！

我們有吳剛伐桂，越南有阿貴復活樹

在華人世界，奔月的嫦娥是中秋節的重要角色，越南也一樣，但是不叫嫦娥，而是叫姮娥（Hằng Nga）。傳說中，姮娥是一個非常喜歡小孩的大姊姊。姮娥姊姊奔月成仙之後，仍然會在每年的中秋節午夜回到凡間，在小朋友的床邊放上禮物，如同西方的耶誕老公公。

我們的中秋節有「吳剛伐桂」，越南中秋節也有個和樹木有關的故事。傳說樵夫阿貴得到了一棵仙樹，吃了這棵樹的葉子，死人都能復活；唯一要注意的是，必須使用潔淨的水澆樹。不巧的是，阿貴的妻子有一次忘記了這個叮嚀，錯用髒水澆樹，復活樹立即連根拔起往天上飛去，情急的阿貴趕緊拉住樹根，於是就跟著復活樹一起飛到月亮上了。

日本、韓國、馬來西亞、新加坡、中國等地也都過中秋節，只是活動、傳說略有差異。每年這一天的夜晚，各個地方的人望著同一輪皎潔的明月，是不是也懷著同樣的心事呢？尤其是無法與家人親友團聚的異鄉客，肯定都難免「舉頭望明月，低頭思故鄉」吧！

對越南一個積非成是的迷思

越南和中國的糾紛一向沒斷過。雖然兩者皆緊鄰台灣，且兩者爭奪的海域名義上也屬於中華民國，不過我們向來不太關心。直到二〇一四年五月十三日，因中越糾紛而暴衝失控的越南民眾，攻擊台商工廠。

血腥味吸引了台灣媒體的注意。無奈越南與中國的糾紛何其複雜，台灣在其中的角色何其尷尬，而在越南政府屋簷下的台商，卻又對此事欲言又止。於是，媒體除了反覆播出五一三當天的手機錄影之外，只好談一些奇風異俗，例如拿出「越南是母系社會」的老梗來說嘴❶。

但，這則報導中用「越南是母系社會」的理由，來解釋越南女人在此次排華暴動中的強勢演出，卻是大錯特錯。越南的五十四個民族裡，有沒有哪一族是母系社會，我不確定。不過越南的主流社會，鐵定不是母系社會。如果我們老是以為人家是「母系社會」，那麼，怎麼好意思怪人家以為我們「是中國的一部分」呢。

誰說越南是母系社會？

可以用兩個步驟來回答「越南是不是母系社會？」這個提問：

第一步，先確定什麼是「母系社會」。維基百科對「母系社會／制度」的定義是：按母系（女系）計算世系血統和繼承財產。母系社會，絕對不是指看到很多女人拋頭露面在外頭工作。

第二步，看看越南的小孩跟誰姓。占越南社會八成六的京族（Người Kinh），家中的子女是跟著父親姓，財產多半由兒子繼承，男尊女卑，重視禮數，與傳統華人社會極爲相似，三從四德是綁在女性身上的枷鎖。

所以，只要懂得什麼是母系社會，再對越南社會有些粗淺的了解，就不會再鬧笑話了。

另一個對越南的誤解，則是認爲越南長年戰亂，男性死傷過多，所以過剩的女性要嫁到海外。事實上，越戰結束將近四十年，越南人口在二〇一三年已達九千萬，其中男性占五〇．二％，女性占四九．八％，男女比例早已恢復平衡。

❶中天新聞的報導：「比男人強悍！越南暴動女工向前衝圍廠」即為其一，http://ppt.cc/jxPY

越南現在需要擔心的，反而是民間「重男輕女」的傳統，加上胎兒性別鑑定等醫療科技的爲虎作倀，使得男嬰數量異常地高過女嬰。一個社會正常的人口比約爲一〇五（意即同一段時間內，出生了一〇五名男嬰、一〇〇名女嬰），但是越南二〇一二年的出生人口性別比，卻是一一二，失衡嚴重。估計到二〇五〇年，越南男性將比女性多出二三〇萬至四三〇萬人。而這個重男輕女的眞實現象，也間接證實了越南絕非「母系社會」。

越南男人不工作？天大的誤會

不論台灣人是以羨慕或貶抑的心態將越南描述爲母系社會，總之，這個認知是錯的。據說還有些教科書也這樣寫。

但是，如果越南不是母系社會，爲何有那麼多的台灣人如此言之鑿鑿呢？我只能猜測原因可能是，許多台灣男性在越南經商旅遊時，看到越南女人在街邊叫賣、在工廠工作，而越南男人卻閒閒沒事喝咖啡，於是基於正義感，加上望文生義，就把「母系社會」這個詞冠在越南頭上了。

其實越南男人不是不工作，而是在傳統價值下，男人必須做「重要」的工作，例如汽車駕駛。幾乎所有替台商開車的司機都是越南男人，只因爲同性相斥，讓多爲男性的台商忽略了也在「工作」的越南男人罷了。

對越南來說，多數越南人連台灣和中國都分不太清楚，當然也不會知道台灣誤以爲越南是母系社會。越南更不可能爲了配合台灣人的看法，就自動自發變成母系社會。這可不像原本應該唸「滑（Gŭ）稽」，積非成是久了，說成「滑（Huá）稽」也ＯＫ。

已經記不得反駁多少次「越南是母系社會」這個天大的誤會了。反駁多了，我開始質疑自己：幹嘛不厭其煩地駁斥這個說法呢？

我又不是人類學家，再說母系社會和父系社會各有利弊，就算是母系社會，也沒什麼不好。我其實還認爲，內斂的母系社會比外擴的父系社會要好得多呢。

只不過，我的確一聽到有人胡扯就忍不住反駁。想來想去，我在乎的很可能是：怎麼這麼多台灣人望文生義、不求甚解，甚至以訛傳訛，而且還堅信不移呢？

當身邊眞的有這麼多這種人時，那才可怕。

用貪婪豢養著貪婪，怎麼長進？

讀著菲律賓作家卡洛斯・卜婁杉（Carlos Bulosan, 1911-1956）的作品《老爸的笑聲》，讓我屢屢噗嗤笑出聲。

苦哈哈的一家人，笑聲是他們僅有的財富。姊姊半夜在衣服裡塞了一隻牛蛙，假裝懷孕，爲的是嚇家人取樂。不老實的哥哥浪跡天涯，每次回家暫居，臨走前一定變賣家中財物。家人們總在送走哥哥後匆匆返家，看他這次又偷賣了什麼。老爸超級愛面子，爲了讓兒子擁有萬人迷、男子漢的名號，在友人的婚禮上散布兒子和新娘有染的謠言，導致婚禮取消，新娘跑來逼婚，兒子被迫離鄉，老爸卻洋洋得意……

我想，一定是因爲都市長大的我不理解農村生活的邏輯，也因爲不曾有過家徒四壁的生命經驗，所以對於書中描寫的窮困，以及從那窮困中擠壓出的智慧與幽默，只能驚嘆佩服。

家鄉總是美好的，即使是相隔千萬里

菲律賓有七千一百零一座島嶼，交雜著南島、馬來、印度、華夏、伊斯蘭、天主教各種文化。菲律賓如此豐富多元，若不是曾被西班牙、美國、日本等強權占領或殖民，根本不應該成爲「單一」的國家。而勉強組成單一國度，強加來自遠方的制度，得利的絕非一般人民。

十九世紀末，美國取代西班牙成了主子，統治菲律賓。人民的日子並沒有比較好過，青壯人力在貧富懸殊的故鄉找不到頭路，遠赴宗主國謀生餬口。一九二〇、一九三〇年代成千上萬離鄉赴美的菲律賓人之中，包括不滿二十歲的卜婁杉。

在美國，種族界線嚴明，日子同樣艱難。異鄉人除了底層、零碎的工作之外，沒啥好選擇。在寒冷的雨天，排隊等待上工的空檔，卜婁杉咀嚼著對家鄉的想念，寫下第一篇故事〈老爸的笑聲〉，開啓了他的寫作之路。這是第一次，在美國的菲律賓人，以「人」的身分被書寫下來，成爲當時亞美文學的重要作品。

家鄉不總是美好的，即使已經相隔千萬里。霸道貪婪的官員與富人、貪小好賭的村人與親戚、整天無厘頭醉醺醺的老爸、不務正業唬人爲樂的兄弟姊妹，成了卜婁杉魔幻寫實短篇故事的主人翁。

然而，家鄉也總是美好的，尤其是相隔千萬里。那些濕熱蒸騰的泥土、甘蔗淬取出的酒精、鬥雞場的血腥與嘶吼，成了溫暖卜婁杉在寒冷異鄉的精神糧食。他止不住回憶，寫下一篇篇既荒誕又寫實的故事，安慰自己，也安慰了與他一樣在異地打拚的同鄉。

來自底層的手寫出底層人的心事

其實，《老爸的笑聲》書寫的不只是菲律賓，而是所有底層階級的故事。卜婁杉漂泊異鄉，面對無力挽救的貧窮，難以扭轉的政經結構，他在四十幾載的短暫生命裡從事工運、持續書寫，勾勒菲律賓廣大農民階層的生活樣貌，批判當時的菲國政府對政治異議者的迫害。如該書導讀所言：「他讓自己成爲一道光，照見海內外菲律賓人的美麗與哀愁，苦難與奮鬥，更冀望著能爲他們照亮前行的道路。」卜婁杉筆下的黑色幽默，讓人驚豔咋舌的情節，正是苦難者僅有的嗎啡，或者解藥。

但值得警惕的，不是達官顯貴的貪婪，而是豢養其貪婪的「我們所有人的貪婪」。當大家都熱切巴望同一種「成功」，競相跟隨「趨勢」，追逐豪宅名車錦衣玉食第一桶金，要比的，不外乎誰比較狠、誰比較詐、誰比較有競爭力，誰又比較敢踩著別人往上爬。七十年前的菲律賓如此，今天的台灣，不也是這樣？

卜婁杉的短篇小說集《老爸的笑聲》，在台菲交惡的二〇一三年在台問世，格外尷尬，卻也別具意義。

台灣社會普遍不理解菲律賓，視菲律賓爲落後國家。然而，不論我們是否正視菲律賓的存在，必須承認的事實是：台灣與菲律賓的相似，簡直像在照鏡子。除了地理相近之外，兩者都崇拜美式民主，都唯美國馬首是瞻，貧富差距一樣嚴重，在國內找不到工作的年輕人，同樣流行出國到富裕國家做骯髒、困難、危險的三D（dirty, difficult, dangerous）工作。

卜婁杉筆下七十年前民不聊生的菲律賓，恍若昨日，與今天似乎沒有太大的區別，底層人民一樣困苦，一樣必須出國打工討生活。而台灣，是當年招來大批菲律賓人從事底層工作的美國嗎？抑或，菲律賓就是台灣的鏡中之影，踏著同一種貪婪的步子前進？

想到這裡，誰還笑得出來？

同病相憐的皮蛋與鴨仔蛋

二〇一一年，美國有線電視新聞網（CNN）和美國財經雜誌《富比士》網站不約而同地將皮蛋列爲噁心食物，甚至形容這是「惡魔煮的蛋」。此一說法，引起愛吃皮蛋的台灣人群起抗議，指責美國人不懂美食，少見多怪，在不了解我們的文化之前，就下了武斷又傷人的結論。

不過，台灣人自己會不會也犯了同樣的錯誤？

當台灣的東南亞朋友越來越多之後，許多台灣人有機會見到風行東南亞的「鴨仔蛋」，一致的反應卻是：哇！好噁心！

你覺得鴨仔蛋噁心的理由是什麼？

鴨仔蛋到底哪裡噁心呢？除了素食人士之外，目前我針對台灣人蒐集到的「噁心理由」，都不太能成立。

噁心理由一：鴨仔蛋是生的，沒煮熟。

反駁：這根本就是錯誤的認識，鴨仔蛋是煮熟之後才吃的。而且，生魚片不也是生的，你不是也吃得理所當然？

噁心理由二：蛋裡有毛有骨頭。

反駁：沒有拔乾淨豬毛的紅燒豬腳，或者沒有拔乾淨雞毛的白斬雞，不是也有毛嗎？更不用說，吃豬腳、吃雞腿，還有吃魚的時候，不是也都要吐骨頭嗎？

理由三：那是小鴨子呀！感覺很殘忍。

反駁：人類食用別種動物，的確殘忍。但是，等動物長大之後再吃就比較不殘忍嗎？例如在小鴨子長成大鴨子之後，再把牠殺了烤成金黃色，倒吊在櫥窗裡，吃的時候剁成一塊一塊或一片一片，這樣比較仁慈嗎？再說，烤乳豬、吻仔魚粥，甚至把還沒長大的小牛剝皮做成皮包皮鞋，也都是在動物小的時候就結束牠們的生命，沒有一項不殘忍。

即使我不同意上述認爲鴨仔蛋噁心的理由，不過，你還是可以不用任何理由，就覺得鴨仔蛋噁心。然而，有些食物是「眞的」很噁心唷！例如色彩鮮豔的糖果，雖然外表看起來漂亮誘人，但是可能加了很多色素，吃下肚子之後會讓你不健康。又例如金黃酥脆香噴噴的炸雞，姑且不論這些雞在「生前」健不健康，但是你如果吃多了用一整鍋油炸出來的炸雞，肯定會讓你不健康。

吃蛋吃鴨，當然也吃鴨仔蛋

現在，我們來好好認識一下鴨仔蛋吧！

鴨仔蛋，是將孵了十五至十八天的鴨蛋用開水煮熟，食用時敲開蛋殼，加入鹽、檸檬等佐料，流行於越南、柬埔寨、菲律賓等地，被視爲平價補品、美容聖品，大人小孩都愛吃。

在越南，鴨仔蛋有時也被稱爲「顚倒蛋」，意指吃了這個蛋，將會「顚倒」你的運氣。所以運氣好的時候別吃，運氣不好時，趕快吃一顆，看看能不能否極泰來。

其實在中國，也有類似的吃法，將已經受精的雞蛋煮來吃。南京地區稱之爲「旺蛋」或者「活珠子」，安徽稱之「鳳凰蛋」，如果蛋裡已經看得到孵化中的雞，則叫做「喜蛋」或毛雞蛋。

人類以蛋作爲食物，已經有至少數千年的歷史，烹調方式也大異其趣。對於不熟悉的食物，以及其他所有的一切，我們眞正應該在乎的，不是外表，而是內在。當我們指責別人的同時，也千萬別忘了問問自己：是不是在不了解他人的文化之前，就只因爲陌生或者刻板印象而先有了成見？

米食文化的東南亞

東南亞多數地區土地肥沃、高溫多雨，適宜稻米生長，一年能收成三次。當今全球數一和數二的稻米出口國，便是泰國與越南。其實不只這兩國，印尼、菲律賓、緬甸也都盛產稻米，只是當地民眾太喜歡吃米食，自己吃都不夠了。

泰國農耕節

泰國人重視稻米，從每年的皇家農耕大典（พืชมงคล）就看得出來。

每年五月左右，典禮在首都曼谷皇宮旁的皇家農場舉行。依照十三世紀流傳至今的古禮，首先由兩頭強壯潔白的公牛拉著華麗的金色木犁，耕田六圈，而皇室成員擔任的主祭官及挑著金扁擔與銀扁擔的兩名少女，則尾隨在後，主祭官不時從扁擔中抓出一把把稻穀種子，撒入田中。這個大費周章的典禮，除了表示國王對農業的重視之外，同時也告訴民眾：耕種的時節到囉！

儀式之後，原本在四周觀禮的民眾便會湧入田中，撿拾種子，連同泥土一起帶回家。大家都相信，這些種子和皇家農場的「聖土」，會帶來豐收年和好運。

越南米的傳說

越南人也是三餐離不開稻米。不論是河粉、春捲皮，都是米製品，而糯米做成的粽子，更有一段傳說。

相傳越南雄王六世想在眾多王子中挑選繼承人，於是要求每位王子在春節時，獻上最珍貴的食物，誰的食物最棒，他就把王位傳給誰。

其中十八王子遼（Liêu）常常和窮苦農民在一起耕種，沒什麼錢，也想不出什麼珍饈美食，很是苦惱。到了晚上，神仙出現在他的夢中，說：「世界上沒有任何東西比稻米還珍貴，你應該把糯米做成方形與圓形的食物。方形代表地，圓形代表天。」十八王子醒來後，照著神仙的指示把糯米做成方形和圓形兩種，用樹葉包起來蒸煮，獻給雄王。

十八王子的粽子看起來很普通，雄王有點不高興，怎知才吃一口，便覺芳香四溢。十八王子解釋，這是用他自己耕種的糯米做成的，象徵天圓地方，感念上蒼與地母孕育萬物，也答謝父親如天地般的養育之恩。雄王聽了很感動，便將王位傳給十八王子。到了現在，每逢節慶，方形和圓形的越南粽仍是不可或缺的食物。

東馬來西亞的稻米風俗

在東馬來西亞的原住民部落，也非常珍視稻米，將之奉爲聖物。東馬來西亞沙巴州（Sabah）的卡達山杜順族（Kadazan-Dusun），即有專門爲了慶祝稻米豐收的豐收節。近年來，馬來西亞官方也十分重視這個節慶，當作馬來西亞多元文化的重要代表，節慶期間，還有選美、舞蹈、競技、食品及手工藝展覽等各種活動。

此外，在東馬來西亞砂拉越州（Sarawak）的伊班族（Iban）文化中，稻米也有極高的地位。除了種植食用的稻米之外，會特別闢出一塊土地，種植專供祭祀用的「聖稻」。種聖稻時也有繁複的規矩，包括男人不可經手、不可賣出等等，採收時更有路線不得中斷的規定。因爲伊班族認爲稻的靈魂必須追隨割稻的婦人，否則一旦稻靈走失，來年的收成就會不好。採收完聖稻之後，還要舉行儀式，把稻靈請入穀倉。

扭轉糧食增產的綠色革命遺害

稻米有著悠久的歷史與文化，不過在近代綠色革命之後，隨著農業技術推廣，稻米產量倍增，幾乎成了純粹的商品。然而，稻米產量雖然增加，農民的收入卻未必同時提高，因爲新品種的稻米，需要搭配大量的農藥、化肥，以致農民辛勤耕種後出售稻米的所得，往往只夠用來買肥料。

一位泰國大地主的後代迪查（Daycha）發覺了這個矛盾，於是創辦「米之神基金會」（มูลนิธิข้าวขวัญ，**Khao-Kwan Foundation**，簡稱 **KKF**），鼓勵當地農民放棄跨國公司提供的種子。因爲那些種子長出來的稻米雖然多，卻必須搭配昂貴的化肥與農藥，不但農民賺不到錢，對消費者來說也不健康。他協助農民找出「對的種子」，也就是適合當地土壤的種子，這樣一來，不必使用農藥和化肥，也能有很好的產量，種出來的稻米也更健康。

另一種形式的孔夫子周遊列國

不是只有我們懂得尊師重道，當然也不是只有我們有教師節。世界各國都有屬於教師的日子，但未必都是以孔老夫子的生日九月二十八日做爲教師節唷！

例如中國大陸（中華人民共和國）的教師節，是在每年的九月十日；美國的教師節是五月的第一個星期二；韓國的教師節是五月十五日，學生會在這天送老師康乃馨。印度的教師節是九月五日，用以紀念重視教育的印度第二任總統薩瓦帕利（Sarvepalli Radhakrishnan）。反倒是教師身分被視爲「聖職」的日本，卻沒有特別制定教師節，或許可以說，日本的老師，天天都在過教師節。

總之，雖然日期不同，世界各地對於老師都很尊敬。尤其在東南亞各國，老師的地位更是崇高呢！

比一比，誰更敬愛老師？東南亞各國的教師節

越南的教師節定在十一月二十日，是爲了紀念在法國巴黎成立的「世界聯合教師工會」

（Fédération Internationale Syndicale des Enseignants，簡稱 FISE），並於一九五四年的這天公布了「國際教師憲章」。

雖然越南教師節是十一月二十日，不過早在這一天之前好幾個禮拜，越南各級學校的裡裡外外就已經忙起來了。學生忙著排演教師節前一週滿檔的藝文表演，也相約去老師家拜訪，並送給老師食物、鮮花等各式各樣的精美禮物，表達由衷的感謝。

比起越南，泰國教師的地位也不遑多讓。在泰國，每年甚至有兩個屬於教師的日子。一個在一月十六日，另一個在六月的某個星期四（各校可以自行決定），等於是每個學期都有一個教師節。

泰國人和華人一樣，認爲教師如同父母，這天要舉行莊嚴隆重的敬師儀式（พิธีไหว้ครู，發音 Wai Kru）。學生必須捧著鮮花，一步一步跪著走向老師，行最虔誠的跪拜禮，行禮之後，再一步一步跪著退下。學校也會同時舉辦花藝比賽，學生以代表尊敬的茄子花、代表謙卑與耐心的大草（Bermuda grass）等花草搭配蠟燭，組成一盤美麗繽紛的敬獻盤，恭恭敬敬地呈獻給老師。

至於新加坡，過去的教師節定在九月一日，不過從二〇一一年開始，政府改將九月的第一個星期五定爲教師節。

印尼教師節定在十一月二十五日。一九四五年的這一天，是印尼教師協會（PGRI）成立的日子。馬來西亞的教師節是五月十六日，一九五六年這一天，馬來西亞聯邦立法會通過了一份教育報告，而該報告則是奠定馬來西亞教育的基礎。

汶萊的教師節定在九月二十三日，是爲了紀念以「自由」爲教育理念的汶萊第二十八任統治者賽夫地三世（Sultan Omar Ali Saifuddien III）。

世界教師日，一百多個國家同時慶祝教師節

最後，還有一個世界教師日（World Teachers'Day），日期是十月五日，這是包括菲律賓、柬埔寨等一百多個國家的教師共同慶祝的日子。一九六六年的這一天，聯合國教科文組織和國際勞工組織通過了《關於教師地位的建議書》（中譯全文：http://163.32.161.2/adm3/jiang/unseco.htm），在這份文件中，對教育的目標、學童受教權，以及教師的培養與進修、責任與權利等等面向，都提出了許多全世界通用的建議。於是，在當年的國際教育大會上，就決定將這天定爲世界教師日。

非主流的東南亞運動會

東南亞運動會是當地兩年一度的運動盛事，共有十一個國家參加。除了大家熟悉的一般比賽之外，還有很多具有當地特色的運動項目。

陌生又熟悉的「球類」運動

藤球（馬來文 sepak raga，泰文 ตะกร้อ，菲律賓文 sipa，越南文 Cầu mây），顧名思義，藤球比賽所使用的「藤球」，就是以藤條編織而成的空心小球，直徑約十二公分。藤球比賽的場地類似排球場，一隊三人，兩隊中間隔著一道高約一五〇公分的網。比賽時不准用手，而是像足球的規則，必須用腳踢或用頭頂，所以又稱爲「腳踢的排球」。

藤球約在十五世紀起源於馬來半島，隨即流行於東南亞各地。比賽時，兩邊選手「此起彼落」，飛踢連連，煞是好看。

毽球（Shuttle cock）也是東南亞運動會特有的項目，比賽場地、規則、技術等等，都與藤球類似，只是把「球」換成了「毽子」而已。說起踢毽子，華人社會一點也不陌生，至少在漢朝即有史料記載，有人甚至說這是黃帝時代武士們的一種訓練。不過把踢毽子變成隔網對抗的比賽，在台灣就比較少見了。看著比賽選手縱身飛起，將行徑飄忽的小毽子準確踢向對方，矯健身手會讓你瞠目結舌。

東南亞特色武術

在武術比賽方面，東南亞運動會中也有許多當地才有的項目，例如菲律賓武術（Arnis），即爲其一。

菲律賓武術中，以棍術最具特色，高手使棍時，棍花翻飛、目不暇給，也許是太出神入化了，甚至被稱爲「魔杖」。據說李小龍所使用的雙截棍，也是向菲律賓的武術高手學來的。菲律賓棍術比賽時，選手要穿戴類似日本劍道的防護服裝。

馬來武術（Pencak Silat）是藝術，也是舞蹈，起源古老而神祕，傳說眞正的高手都在深山叢林中練功。此一武術的特色在於摔技，要爭取有利的位置並配合快速的腿法，絆倒對手。如果再加上刀、棍等兵器，能在近身戰中發揮致命的威力。比賽時，雙方需穿上類似跆拳道的護胸，以免受傷。

相較之下，創立於一九三八年的越南「越武道」（Việt-Võ-Đạo），就是比較新的一門武術了。當時的越南還在法國統治之下，創立人阮祿的目的，在喚起年輕人的愛國精神，期望早日脫離外人統治。越武道的套路和兵器使用，與中國南方的武術相當神似，不過在制度上，則是以日本武術的「道」和段位命名，服裝也類似空手道。而隨著越南人在世界各地生活，越武道也遍布全球，二〇一一年在台灣，也成立了「中華民國越武道協會」。

要說東南亞武術中最爲人熟知的，莫過於泰拳（มวยไทย，Muay-Thai）了。泰拳的比賽場地與規則類似拳擊，選手也要帶上拳套。不過，除了可以用雙手雙腳進行攻防之外，特別強調雙肘與雙膝的使用，打法凶猛迅捷。相較於只使用雙拳的西洋拳擊，泰拳又被稱爲「八臂拳術」或「八肢的藝術」。

還有一些未被列入比賽項目的東南亞武術，例如柬埔寨的高棉拳、寮國的寮拳、緬甸的斌道，也許是因爲地理位置相近，這幾種拳術和泰拳之間頗多相似之處。

其實不管哪一種運動、哪一門武術，彼此之間最相似的不是動作，而是精神。除了勝不驕、敗不餒的基本態度之外，如何將自己鍛鍊成一個更謙卑、更有禮貌的人，才是我們每個人都需要努力的地方。

揚威國際的羽毛球運動

羽毛球，相信大家都很熟悉。一人一支網狀拍、一枚輕盈的羽毛球，不管中間有沒有隔網，只要有空地，街頭巷尾就可以開打。

說起羽毛球的歷史，可以上溯兩千年以前，古希臘和古中國都出現過它的身影。到了十九世紀中葉，印度西部的浦那城（Poona）出現了接近現代羽毛球運動的遊戲：以圓形硬紙板插上羽毛，對陣的兩人手持木拍，將球在空中輪流擊出。此一遊戲，就以地名「浦那」稱呼。

當時，駐紮在印度的英國軍人迷上這種遊戲，還帶回了英國本土。到了一八七三年，在英國一處叫做伯明頓（Badminton）的小鎮，幾位從印度返英的退役軍人公開表演這種遊戲，吸引了大家的注意，也迅速傳遍英國。後來，英語世界即以該場表演的地名「Badminton」作爲這項運動的名稱。不過在其他地區，仍依據該運動的球具或玩法來稱呼，例如華人稱之爲「羽毛球」，越南稱之爲「Cấu lông（毛球）」，印尼文則稱「Bulu tangkis」，其中「bulu」是「羽毛」，「tangkis」是「防衛」之意。

從東方到西方，從英國到東南亞

英國從印度學會了羽毛球，將其發揚光大，所以早期的羽毛球比賽多半是英國人的天下，「全英羽毛球錦標賽」幾乎就等於羽毛球的世界大賽。不過隨著英國在世界各地殖民，羽毛球也成了世界性的運動。尤其在二次世界大戰之後，馬來西亞、印尼等地的羽毛球選手強調快速靈活的戰法，以拉、吊的技術來控制球的落點，實力已經遠遠超越英國。

在馬來西亞與印尼，羽毛球皆有「國球」之稱，風行大城小鎮。爲什麼？可能是因爲氣候。當地每年會有相當長一段時間，是微風甚至是無風的天氣，替羽毛球創造了先天條件。也有人說，是因爲富有的印尼華僑大力資助此一運動，才提升了當地的羽毛球風氣。

不管眞正的原因爲何，馬、印兩國確確實實相繼稱霸了世界羽壇。馬來西亞包攬了一九五〇至一九五七年共八屆的全英羽毛球錦標賽的單打冠軍，以及一九五一至一九五四年共四屆的雙打冠軍。馬來西亞國家隊的輝煌成績，使得羽毛球成爲該國最熱門的運動，羽毛球明星被視爲民族英雄。

而印尼則從一九五八年至一九七九年，共七次在湯姆斯杯（Thomas Cup）稱霸，湯姆斯杯成立於一九四九年，爲世界男子羽毛球團體錦標賽。尤其在一九七〇年至一九七九年這十年間，印尼羽毛球更是所向披靡，共獲得二十二次世界大賽冠軍。

近年來，中國的羽毛球運動發展迅速，若追溯中國羽毛球運動的起源，恐怕也得歸功於印尼華僑。當年許多印尼華僑回到中國協助訓練選手，奠下良好基礎。

印尼羽毛球之父

說到印尼的羽毛球運動，就一定要提到被譽爲「印尼羽毛球之父」的蘇迪曼（Piala Sudirman）。

蘇迪曼於一九二二年出生在印尼北蘇門答臘省的一個小鎮。他從小就展現了羽毛球天分，各項比賽均名列前茅，到了大學時期，已經打遍印尼無敵手。一九五八年，蘇迪曼代表印尼首次參加在新加坡舉行的湯姆斯杯比賽，而印尼隊也在那年首度奪得冠軍。其實，當年印尼政府資金短缺，連前往比賽的路費都拿不出來，在此困難之際，蘇迪曼毅然賣掉自己心愛的轎車，將賣車所得全數捐給印尼隊作爲路費。而印尼的羽毛球協會也是由蘇迪曼所催生，他本人被選爲該協會首任主席，一當就是二十二年。

蘇迪曼在一九八六年去世後，印尼羽協爲了紀念他，捐贈了一只命名爲「蘇迪曼杯」（Sudirman Cup）的金杯，並以此爲名，成立了世界羽毛球混合團體錦標賽。直到今日，蘇迪曼盃已與湯姆斯盃、優霸盃（Uber Cup，世界女子羽球團體錦標賽）齊名，是三大世界性羽毛球團體賽之一。

至於台灣的羽毛球運動，目前實力雖然稱不上世界級，不過也算普及。總之，運動無國界，健康最重要，尤其羽毛球入門簡單，兩人成行，既可訓練手眼協調，也可達到運動強身的效果。找個時間，起身揮揮拍子吧！

揮桿樂，高爾夫球入侵東南亞

二〇一一年，台灣舉辦LGPA女子職業高爾夫巡迴賽，被譽爲台灣之光的曾雅妮奪冠，全台歡騰。在此同時，越南也有個關於高爾夫球的大新聞：交通部長丁羅昇（Đinh La Thăng）正式發布命令，禁止所屬人員打高爾夫球，藉以整頓工作態度，正視工作進度。

越南交通部長此舉驚動全國，正反意見紛陳。根據越南媒體的調查，反對者認爲此一命令違背法律，干涉他人自由。而爲數較多的贊成者則說，當前越南交通問題嚴重，官員本來就該專心政務，不該去打球，希望其他部會也比照辦理。

其實在前一年（二〇一〇年），菲律賓警政署長巴克羅（Raul Bacalzo）也曾經痛批資深警官蹺班打高爾夫球。巴克羅表示，他知道把高爾夫球當作運動的好處，但不應爲了打球而怠忽職守。

玩物喪志的一種運動

從一開始，高爾夫球就引人非議。話說十三世紀的荷蘭，就有類似高爾夫球的遊戲，可惜沒有限制場地，規則也沒訂好，瘋狂的愛好者自己受傷就罷了，還到處打破別人的門窗玻璃。最後被禁止在市區打球，一定要打的話，只准去地廣人稀的鄉下，或者結冰的湖面。

十五世紀時，與英格蘭處於敵對狀態的蘇格蘭，也曾經禁止玩高爾夫球，以免部隊沉迷玩球而荒廢了箭術練習。不過當兩國和好之後，禁令也解除了，國王帶頭打球，皇室的帳本上還記載著購買高爾夫球用品的細目，甚至記載了國王因爲打球輸了多少錢。

運動有好處，大家都知道，球桿一揮，小白球高高飛起，的確有趣。支持高爾夫球的人說，高爾夫球場綠草如茵、空氣清新，尤其對於長期生活在都市中的現代人，這種相對不激烈的運動，再適合不過了。但，這恐怕是個大謊言。

在高爾夫球的起源地蘇格蘭，人們利用海邊自然形成的沙丘以及兔子挖的洞作爲球場。不過，當這個運動推廣到其他地區時，因爲沒有適合的場地，只好自行「創造」。

首先，你得找一片平坦廣闊的土地，要是找不到，往往還得開山建路，大興土木。總之，爲了數量不多的玩家，這片土地上原有的居民將會被驅離、農產林木會被砍伐、池塘溪流會被填平，然後種植原本不屬於此地的特殊草類，而先前依賴此一生態環境生存的數以萬計蟲魚鳥獸，當然不復存在。早在二〇〇八年，越南政府便已擔心高爾夫球場的興建將會侵占農田，危害到農民生計。

運動有好處，但是打高爾夫眞的有益健康？

其次是，球場所需要的草地。爲了讓草地能像地毯一般美觀又舒適，只有少數幾種草適合種植在高爾夫球場。問題是單一草種會吸引單一害蟲，在缺乏其他昆蟲威脅的環境下易於大量繁殖，迫使球場使用大量殺蟲劑。殺蟲劑除了殘留在草地上，也會滲入泥土污染水源，還會隨風飄散，傷害周遭居民，以及以爲打高爾夫球很健康而整天耗在球場裡的人。

再來是水資源的浪費。高爾夫球場不能積水妨礙打球，所以通常種植透水性高的草種。但是爲了讓草地保持青蔥，卻必須天天澆水。估計一個十八洞的高球場，每天得消耗五千立方公尺的水，足夠供兩萬個家庭使用。諷刺的是，大雨來時，球場的草地卻留不住雨水。

不幸的是，當歐美先進國家，包括台灣在內，發覺在國內興建高爾夫球場成本太高、在國內打球所費不貲之後，土地、人工相對便宜的東南亞各國就成了高球的新市場。例如近年屢遭洪水肆虐的泰國，粗估有五百多座高球場。想想看，這五百多座球場上，原來應該有多少棵能夠抓住水源的樹木？而今卻滿眼盡是綠得詭異，卻吸收不了多少水分的外來種草地？

最後，奉勸那些衣冠楚楚、自認高尚的高爾夫球人士，鍛鍊身體很好，不過，請試著找找其他利人利己的運動方式吧！

瀕臨破滅的非核家園

「水能載舟，亦能覆舟」，核能，恰恰是這句俗話中的「水」。利用核能發電，是一項極具爭議的選擇。贊成者說核電安全、便宜又乾淨，反對者說核電危險、昂貴且禍延子孫。不過，對於傾全力發展經濟的東南亞各國來說，眼前的電力需求最要緊，發展核電成了當務之急。

以鄰爲壑，日本將在印尼與越南建造核電廠計畫

二〇一一年三月十一日東日本大震災，引發的大海嘯導致了一場讓全球膽顫心驚的福島核災，此後日本政府試圖減少對核電的依賴，但諷刺的是，日本官商卻齊心對外推廣核電。

雖然地大物博的印尼擁有許多可供發電的天然資源，例如石油、水力、煤、地熱等等，但是印尼仍與沖沖地與日本合作，預定在二〇一六年之前於中爪哇省（Jawa Tengah）的穆里亞（Muria）半島，建造完成首座核電廠。問題是，印尼也跟日本一樣，位於「太平洋火環帶」，時常得面臨地震與火山爆發的威脅。這使得鄰近印尼的澳洲、新加坡等國憂心忡

忡，因爲他們對於印尼管理核電廠的能力實在沒信心。

越南的核電計畫，也與日本息息相關。二〇一一年，日本首相和核電企業紛紛前往越南簽訂核能協議，計畫在二〇三〇年之前，建造包括十三座核反應堆的八座核電廠，發電一．五萬兆瓦，占越南總發電能力的七％。除了日本，越南也同時與美國、法國、韓國、俄羅斯合作，預計到了二〇五〇年，核發電量將占越南全國發電總量的十五％至二〇％。

不過在二〇一四年，基於安全和效率顧慮，越南政府宣布第一座核電廠的興建將會延後六年。我相信，越南一定認眞參考了菲律賓的經驗。

菲律賓的核電廠純觀光不發電？

到二〇一四年爲止，東南亞國家中，只有菲律賓建了一座從未發電、令人不敢恭維的核電廠。

在台灣的第一座核電廠於一九七一年動工後不久，菲律賓也隨後跟上。當時的菲律賓總統馬可仕，在一九七三年下令在巴達安（Bataan）半島興建核電廠。動工三年後，因爲美國發生嚴重的三哩島（Three Mile Island）核災，巴達安核電廠暫時停工進行安全檢查。這一檢查，不得了，共有超過四千項缺失！最嚴重的是，該核電廠位於地震斷層帶，旁邊還有一座活火山。

即使如此，核電廠工程仍繼續進行。在花了二十三億美元、欠下大筆外債之後，巴達安核電廠終於在一九八四年完工。然而此時，當初下令興建的馬可仕政府下台了，俄羅斯又發生車諾比（Chernobyl）核電廠爆炸案，引發菲國人民對核能的強烈反對，繼任的總統柯拉蓉．艾奎諾（Corazon Aquino）於是宣布，這座安全堪慮的巴達安核電廠將不會啓用。

到了二〇一一年，這座完工三十年的核電廠有了戲劇化的命運。菲律賓旅遊局官員說，電廠將對觀光團開放，用以宣導民眾對核電的認識。唉唉，希望有點用處。

核能科技解放了微小原子中隱藏的力量，具有造福人類的巨大潛能。但是同樣的力量，也可能造成無可挽救的毀滅。要不要冒這個險？能不能用同樣的經費，去開發研究其他更安全的能源？可惜，爲了應付眼前的高油價和全球暖化，核電似乎是東南亞各國一致的選擇。曾經簽署「東南亞無核條約」的東南亞各國，很快就不再是無核家園，甚至成爲核能爭議的焦點地區。

東南亞的森林，誰的獵場？

描述日本與台灣原住民衝突的電影「賽德克．巴萊」廣受好評。影片中，日本驅使賽德克族人砍伐深山中的林木，引起族人不滿。因爲對原住民來說，森林提供的不僅僅是木材，也是獵場，更是充滿祖靈的神聖空間。

日本的天然資源雖然不多，但是森林資源其實不少，森林覆蓋率高達六七％，世界第一。然而近數十年來，日本九成以上的熱帶木材都來自菲律賓、印尼、東馬來西亞（沙巴、砂勞越）。一方面，是因爲日本國內人力成本較高，一方面也是爲了保有森林資源。因爲消失的森林雖然能夠換得金錢，但同時也必須付出難以彌補的環境成本：生物多樣性喪失、土地沙漠化、防洪失效、水庫與河川淤積，以及當地居民補償等等。

當然，將斧頭揮向東南亞的森林，不止日本一個國家。

你家的森林我來砍，多國覬覦東南亞的熱帶雨林

西班牙在十九世紀占領菲律賓時，便開始砍伐當地森林，以便大量種植甘蔗、茶葉等經

濟作物。美國接手菲律賓之後，也沒有停止。即使菲律賓在二次世界大戰後獨立，森林的惡夢仍然沒醒。此時的劊子手換成日本，因爲日本需要大量木材供應戰後復甦的經濟與建設。

直到一九七〇年代，菲律賓的森林已經殘破不堪，森林覆蓋率從原本的將近五〇%降到二二%，僅存的珍貴林木也不足以應付美日等國無止盡的需索。此時，印尼接棒。

一九六六年印尼政權轉移，第一任總統蘇卡諾（Soekarno）下台，繼位者蘇哈托（Soeharto）以經濟成長爲目標，制定森林開發基礎法，明訂印尼境內所有林地及其自然資源皆爲國有，也蠻橫地搶走了森林裡原住民的一切權利。根據這個法令，印尼政府允許國外企業大規模砍伐森林，掀起了一波甚至被稱爲「森林發展奧運會」（Forest Development Olympiad）的伐木潮。憑著廣大的熱帶雨林，以及砍樹不手軟的外資企業，印尼果然成了當時世界最大的林業出口國。

然而，成爲世界第一不是沒有代價的。聯合國環境規畫署二〇〇七年曾經提出報告，指出東南亞的熱帶森林正以驚人的速度消失。尤其在印尼，林木盜伐者入侵國家公園，非法砍伐的木材占印尼木材出口的七成。如果不採取緊急行動，蘇門答臘和加里曼丹兩地九八%的天然熱帶雨林，也就是紅毛猩猩的棲息地，將在二〇二二年前消失。

緬甸的狀況，也同樣令人擔心。崛起的中國需要大量木材，但中國本身爲了防止水土流失，禁止砍伐原始森林。與中國比鄰的緬甸擁有廣大的原始森林，在不肖人士的眼裡，便成了唾手可得的「財源」。於是，緬甸森林中的老虎與印尼森林中的紅毛猩猩，面臨同樣的危機。更不用說本來居住於森林中的原住民，在失去森林之後，生計與文化也都無以為繼。

近利短視，付出的沉痛代價

東南亞擁有全世界一〇%的熱帶森林，但是因為毫不留情的砍伐，每年正以極快的速度消失。根據統計，平均每年減少的森林面積多達二百三十三萬公頃，相當於三分之二個台灣。八十年前砍伐台灣原始森林的日本，以及日本所代表的「現代化」，一直到今天都沒有歇手，只是砍伐的地點從台灣轉移到了東南亞，而台灣商人也在其中扮演重要角色。

幾年前有一則新聞：「最後一批……寮國香杉運抵蘇澳」，文中提到寮國提高木材出口稅，迫使台灣商人必須另謀「材源」。這些砍伐自寮國山區、樹齡動輒千年的龐然巨木，在台灣加工之後，都將運往日本。可惜，新聞中只提到台灣商人的感嘆，卻忘了說為什麼寮國要提高出口稅，忘了問被奪去珍貴林木的當地人民，有什麼感覺。

傲慢的文明，就是野蠻

「如果文明是叫我們卑躬屈膝，那我就帶你們看見野蠻的驕傲。」這是電影「賽德克．巴萊」的主打台詞。日本殖民者設置了象徵文明的學校、郵局、醫院，強迫原住民改變生活方式，主角莫那魯道以奪回原住民的驕傲爲號召，終於引爆相互毀滅的霧社事件。

文明與野蠻，原本就不該是幸福與不幸福的對立，而文明與野蠻，也不是以硬體設備、經濟發展作爲唯一的判斷準則。以「文明」爲旗幟，強迫他人改變生活方式，恐怕才是最野蠻的行爲。

遺憾的是，包藏著經濟利益的文明大軍，仍然持續攻城掠地。

柬埔寨的阿凡達，挺身守護家園

這個柬埔寨的例子，也和電影有關。一群來自柬埔寨東北白朗森林（Prey Lang）的民眾，裝扮成電影「阿凡達」（*Avatar*）中納美人的模樣，前往首都金邊抗議。

在「阿凡達」這部虛構的電影中，地球人覬覦潘多拉（Pandora）星球的珍稀礦產，派出先進武器大軍壓境，潘多拉星球的納美人爲了保衛家園，誓死抵抗。納美人的困境，就如同這批柬埔寨白朗森林的居民，他們原本賴以維生的大片森林，被政府租給大型企業種植橡膠。

除了這起抗議事件之外，在柬埔寨南方的高興省（Koh Kong），因爲台灣和泰國企業要在當地興建製糖產業，二百五十三個家庭流離失所。首都金邊也不安寧，一間中國企業與柬埔寨政府合作填湖造陸，興建大型賣場與豪宅，湖邊的住民也得被迫遷離。

柬埔寨政府相信，國外投資有助於改善柬埔寨的經濟。代價是，每年約有三萬人被迫遠離家園。

但，也不是沒有反抗成功的案例。

菲律賓的科地雷拉，護鄉成功的代表作

一九七四年，菲律賓國家電力公司與世界銀行合作，預定在菲律賓北部的科地雷拉（Cordillera）地區興建水壩。這個建壩計畫一旦實行，數個原住民村落被淹沒，數百個世居此地的家庭被迫告別祖先的墳地、親手栽種的田園，以及世世代代的集體回憶。

科地雷拉的居民群起抗議，政府的回應則是派出大批荷槍實彈的軍警。一九八〇年，當地長老馬克林·杜拉格（Macling Dulag）在拒絕政府賄賂之後遭到暗殺。然而，長老之死

非但未能嚇阻居民，反而激起更強烈的抗爭，部落之間簽下誓死護鄉的協定，終於迫使菲律賓政府取消建壩計畫。

一九八四年，科地雷拉人民組織聯盟（Cordillera's People Alliance）將馬克林・杜拉格長老被暗殺身亡的日子定爲「科地雷拉日」，藉由紀念活動凝聚人民、促進團結，他們更將視野跨越國界，邀請世界各地的原住民組織前往參加。

悲壯之歌唱不完……

某部分人的文明與發展，極可能是踩踏著其他人的血淚前進的。更令人悲傷的是，這不只是八十年前在台灣的往事，也不只發生在東南亞，今天的台灣，悲劇仍不斷上演。

就在電影「賽德克・巴萊」叫好叫座的同時，台灣東部的阿美族人組織了「阿美族守護聯盟」，向政府、財團抗議，要求土地正義。因爲他們世居的傳統領地，在日本殖民、國民政府來台後逐一失去，台糖、台肥、中鋼等大企業一一進駐，在未經原住民同意的情況下，獵場成了工廠，耕地牧地成了辦公大樓，而原本屬於人人都能去的美麗海岸，也將被私人企業圍起興建高級飯店，只供少數有錢人享用。

電影不只是電影，我們也不該以爲看了電影，掉了幾滴眼淚，自己就算是正義的一方。

日本軍權入侵東南亞的功與過

電影「賽德克·巴萊」中，賽德克族領袖莫那魯道在發動霧社事件之前，對族人說：「日本人比濁水溪的石頭還多，比森林的樹葉還繁密，可我反抗的決心比奇萊山還要堅定！」無奈，雙方力量懸殊，日本出動飛機大砲，莫那魯道飲彈自盡。

的確，在二次世界大戰之前，日本已經是世界級的強國。別說台灣原住民，連歐美列強也要畏懼三分；不只占領台灣，日本也曾主宰整個東南亞。

越南的獨立與統一

近代日本的擴張，分為「北進」與「南進」兩條路線。日本陸軍主張北進，以朝鮮（韓國）、中國東北為主要路線；日本海軍則主張南進，目標包括中國南方、台灣、東南亞，以及太平洋諸島。

日本在一八九五年甲午戰爭中打敗清朝，取得台灣，有了南進的跳板。一九四一年十二月七日，日本突襲美國珍珠港，緊接著對東南亞發動猛攻，不到半年的時間內，便席捲東南亞全境。另一方面，日本趕走了西方列強，也替東南亞的民族主義人士開啓了獨立的契機。

長年占領越南、柬埔寨、寮國的法國，由於歐洲本土受到德國壓制，一九四〇年即被迫允許日本勢力進入。不過，越南人可不同意。越南共產黨組成了越南獨立同盟會（Việt Nam Độc Lập Đồng Minh Hội），簡稱越盟（Việt Minh），在中國和美國的支持下，對抗日本和法國的統治。

日本投降後，胡志明領導的越盟宣布越南獨立，於一九四五年九月二日成立越南民主共和國（Việt Nam Dân Chủ Cộng Hòa）。但是獨立之路坎坷且漫長，占領越南南部的法國仍想恢復殖民統治，和胡志明打了十年，終於兵敗撤退。

而美國爲了阻止北越共產黨政府統一越南，接手支援南越政府，使得南、北越持續分裂了將近二十年。直到美國本身傷亡慘重、兵疲馬困，國內反戰力量日益強烈，才在一九七三年撤軍。失去美國的支持，南越很快地在一九七五年被北越統一，統一後的越南改名爲越南社會主義共和國（Cộng hòa Xã hội Chủ nghĩa Việt Nam）。

印尼與緬甸的獨立，也跟日本有淵源

珍珠港事變不久，日本揮兵進攻荷蘭統治的印尼諸島。同樣由於歐洲本土已被德國占領，日軍不費吹灰之力就擊潰荷蘭，拿下印尼。

雖然日本只是爲了自身利益來到印尼，不過許多印尼人也很開心，認爲日本把自己從荷蘭人手裡解救了出來。而爲了統治幅員廣大的印尼，日本培訓、武裝了很多印尼青年，並且給予包括蘇卡諾在內的印尼領袖一些權力，而這些印尼菁英，正是日後印尼爭取獨立的重要力量。

蘇卡諾在日本投降後立即宣布獨立，但是荷蘭仍想恢復殖民統治，雙方經歷五年慘烈的纏鬥，僵持不下。另一方面，若荷蘭重新掌握資源豐富的印尼，也不符合美國與英國的利益，最後在國際勢力的斡旋下，荷蘭不情願地撤軍，印尼終於完整獨立。

再來看看緬甸。二次大戰時，緬甸是英國的殖民地，一九四二年初，日本入侵緬甸，英國雖然聯合了中國、美國，仍無法抵擋。緬甸境內原本就有很多反對英國殖民、期望獨立的力量，如緬甸著名人權人士翁山蘇姬的父親翁山（Aung San）。翁山爲了緬甸獨立，在日本入侵時協助攻打英軍，英軍退出緬甸後，緬甸國於一九四三年八月一日成立。

但緬甸此時的獨立並不完全，日軍仍駐紮在境內，翁山也懷疑日本的誠意。二次大戰結束前，翁山調轉槍口，與英美等國站在同一陣線夾擊日軍。戰爭結束，緬甸再次成爲英國殖民地，翁山則與英國持續交涉，以完全獨立爲目標。雖然翁山在一九四七年遭到政敵暗殺，不過緬甸終於在一九四八年一月四日脫離英國六十多年的殖民統治，正式獨立了。

歷史的偶然與必然

除了上述等國，東南亞其他各國的獨立，也都跟日本的入侵關係密切。當然，這只是結果，絕非日本發動戰爭的初衷。應該這麼說，東南亞各民族在殖民者歧視性的統治下，各種形式的反抗、爭取獨立，一直都沒有停過。

發生於一九三〇年的霧社事件，是賽德克族反抗日本奴役的戰鬥。後來日本走了，漢人政府來了，但是賽德克族依舊未能獨立。今天，漢人導演魏德聖將故事拍成電影，受到包括中華民國總統在內眾多台灣人的盛讚，莫那魯道成爲「台灣」英雄。但關鍵的是，原住民是否在台灣社會擁有平等的地位？如果強者持續欺壓弱者，族群之間的不公平未能弭平，那麼可以肯定的是，鬥爭永遠不會終止。

何處是我家？流徙各地的東南亞勞工

家鄉貧困，不得已拋家棄子到外地打工謀生，自古有之。而在交通便利的現代社會，這種狀況更常見、數量也更大，而且常常跨越國界。這些人，我們稱之為移工（Migrant worker），也就是俗稱的外籍勞工。

在東南亞，也有數以萬計的移工流往移來。有的是輸出勞力的國家，如菲律賓、印尼、越南，也有輸入勞力的國家，如新加坡、馬來西亞，另外還有同時輸出勞力、但也進口勞力的國家，如泰國。

東南亞移工遍布全球

菲律賓是全球第二大的勞力輸出國家，僅次於鄰近美國的墨西哥。人數多達八、九百萬的菲律賓海外勞工，替國家賺取巨額外匯，政府甚至將六月七日明定為「海外勞工日」。而每年耶誕節前夕、海外勞工大批回國時，菲律賓總統還會率領內閣成員，親赴機場迎接海外歸來的勞工，稱他們為「民族英雄」。菲律賓的英語教育普及，勞工素質高，也使得菲律賓勞工頗受英語系國家歡迎。但是英文好，未必就不會被欺負。由於人在海外，缺乏親友和政府作爲後盾，尤其是家庭幫傭，隻身處於老闆的家中，地位卑微。萬一遇上不好的老闆，薪水被苛扣、行動受限制，動輒還挨打挨罵，那眞是叫天不應，叫地不靈。

人口眾多的印尼，國內就業機會不足，許多印尼人也必須出國打工。台灣目前最多的外籍移工，即是高達二十一萬的印尼籍人士（二〇一四年）。作爲全世界最大的伊斯蘭教國家，許多印尼移工偏好前往同爲伊斯蘭國度的沙烏地阿拉伯、馬來西亞。但就算信仰相同，也難免因爲主僕地位懸殊、法令不健全，使得印尼海外移工陷入困境。

由於印尼海外移工遭到雇主虐待的案件層出不窮，前任印尼總統在二〇一一年的獨立紀念日鄭重宣示，要在國內創造充分的就業機會，希望十五年後不必再輸出勞工。

泰國的情況很特殊。因爲泰國鄉間的工作機會少，青壯人力往往選擇出國打工。但是在此同時，泰國周邊更窮困的國家，如緬甸、寮國、柬埔寨，卻也紛紛湧向泰國找尋工作機會。尤其是緬甸，由於戰亂不斷，緬甸的少數民族屢屢冒險越過邊界進入泰國。據估計，已有超過兩百萬的緬甸非法移工在泰國，從事泰國本國人不願意做的三D工作（dangerous、dirty、difficult）。又因爲這些跨國移工不具有合法身分，所以政府不僅不保護他們，一些不肖警察還趁機騷擾勒索，甚至在國內治安惡化或經濟狀況不佳時，移工也很容易被拿來當作代罪羔羊。

國際人權日，一個人權的反指標

馬來西亞是東南亞少數進口國外勞力的國家，目前合法的移工約二百萬，若加上非法移工，估計共有四百萬，占馬來西亞勞動力的三分之一。馬來西亞曾經數度驅逐移工，但總是成效不彰，因爲如果沒有了移工，馬來西亞恐怕會全國癱瘓。

馬來西亞的移工，除了來自東南亞的越南、泰國、菲律賓、柬埔寨之外，還有南亞的尼泊爾、不丹、印度、巴基斯坦等國。不過人數最多的，還是距離最近、宗教文化相同的印尼移工。

然而面對眾多移工，馬來西亞卻沒有專門適用移工的法令，也沒有工資、工時、休假的最低保障。多數移工才剛下飛機，護照就被沒收，而且雇主可以任意終止合約，強制遣返移工。最爲人詬病的是，馬來西亞當地原本用來懲處殺人、強姦等重罪的鞭刑，卻用在非法移工身上，嚴重違反了比例原則。

馬來西亞沒有專爲移工訂立的法規，但其實，台灣的法令也不健全。一般工廠移工適用勞基法，但是家務勞工（家庭幫傭、看護工）並未受到勞基法的保障，所以許多家務工每天工作十幾個小時，或者一整年都沒有休假。

十二月十日是國際人權日，在一九四八年的這一天，聯合國通過了「世界人權宣言」，主張「人人生而自由，在尊嚴和權利上一律平等」。聯合國並進一步依據宣言，訂立了詳細的「公民權利和政治權利國際公約」和「經濟、社會及文化權利國際公約」，至今已有超過一百六十個締約國，可謂普世遵循的人權規範。

台灣自詡爲人權立國，馬英九總統也在二〇〇九年的國際人權日宣布將「公民與政治權利國際公約」及「經濟社會文化權利國際公約」納爲國內法，保障包括移工在內所有人的人權。但是，徒法不足以自行，尤其對於離鄉背井的移工來說，人權，常常只是空中樓閣。怎麼辦？應有的權利，就要努力爭取。從二〇〇三年至今，台北每兩年都有一場移工遊行，每次的主題幾乎一模一樣（也意味著處境尚未改善），都是爲了替台灣的家務移工爭取一部「合理的」家事服務法，爭取每七天至少有一天休假的人權。

移工因爲國家經濟困窘，所以勇敢地離開家人出外打工，應該受到尊敬。我們也相信，不論貧賤富貴，「人人生而自由，在尊嚴和權利上一律平等」。也許等到有一天，我們不用特別在國際人權日辦活動、提醒大家注意社會的不公不義時，才是人人有尊嚴與權利的理想世界。

Part 2

近觀：談東南亞在台灣

身在台灣的我們，很難迴避與東南亞相關的人事物接觸。你的堂嫂、妯娌可能是新住民，你朋友的家中可能請了印傭，你週日偶爾會吃個泰式料理嘗鮮，搭捷運會時不時碰上操著泰式英語的女子……所以，問問自己，你還在用舊腦袋舊思維看待越來越多的新移民嗎？你曾正眼端視過這些人嗎？或是，你有心了解他們嗎？

我在台北尋找伊斯蘭

要來寫一篇「與伊斯蘭相關」的文章。不過，我絕對不是伊斯蘭教的專家，也不是信奉伊斯蘭教的穆斯林，充其量，只算是稍有接觸伊斯蘭教的媒體工作者，會幾句打招呼的印尼話，阿拉伯文當然是一句也不會。

翻出書堆中的《遮蔽的伊斯蘭：西方媒體眼下的穆斯林世界》（*Covering Islam: How the Media and the Experts Determine How We See the Rest of the World*），這是薩依德（Edward W. Said）教授的著名大作，英文版一九八一年問世，中文版二〇〇二年出版。

一九三五年出生的薩依德，身世和他的出生地耶路撒冷一樣，一言難盡。伊斯蘭教、猶太教、基督教這三大宗教，都將耶路撒冷視爲聖地。埋藏著數千年數不盡的風霜血淚，今天的耶路撒冷，一半歸以色列，一半歸巴勒斯坦，猶太教徒、天主教徒、基督教徒、信奉伊斯蘭教的穆斯林，共居一城。

出生於耶路撒冷的薩依德，少年時期住在埃及開羅與黎巴嫩，後至美國接受教育，並歸化爲美國公民。他在《遮蔽的伊斯蘭》一書中控訴西方與美國的媒體與學者，或因不求甚解，或因所謂的「國家利益」，將事實上複雜多元的伊斯蘭世界污名化、妖魔化、單一化。

書架上還有一本《關於古蘭經的一〇〇個故事》，先前只看了一些。印象中，書中故事和常聽到的基督教故事大同小異，「眞主」即爲「上帝」，同樣以六天創造了世界，而書中的「阿丹」和「哈娃」，肯定就是較常聽到的「亞當」與「夏娃」，也是因爲吃了禁果而被貶謫下凡間。

再上網到處看看各方說法，果然，最早的猶太教，而後分支出來的基督教，以及由穆罕默德在西元六世紀創立的伊斯蘭教，系出同源，多所共通，三教都是被稱爲「亞伯拉罕宗教」（Abrahamic religions）的一神教，信奉同一位上帝／眞主。

書店什麼書都有，獨漏伊斯蘭

但是，就如香港浸信會神學院副教授鄺振華博士所寫：「……共通點並沒有把這三個宗教信仰傳統拉近，反而這個共通的傳統成了一個互相爭奪的擂台。三教都宣稱他們自己的信仰才是純正承繼者，於是三教在誰是正統的問題上，產生嚴重的分歧……」

例如聖經、古蘭經，哪一本才是最可信的經典？耶穌是上帝之子（基督教教義），抑或與穆罕默德一樣，只是先知？各教之間有著絲毫不容妥協的爭議，也就難怪衍生如兄弟鬩牆般歷經千年的攻伐殺戮了。

只看網路資料心裡不踏實，想多找幾本伊斯蘭教的書，去了書店。面對寬約十公尺的敦南誠品書店宗教類書區，最左邊的角落是宗教總論，然後是好幾櫃頂到天花板的佛教、基督教、生死學。回過身來另一邊的低矮書櫃，則是新時代（New age）書種。我來回巡了幾遍，沒找到任何一本專門談伊斯蘭教的書。

隔幾天到住家附近的金石堂書店。書店裡，文具雜貨占據的空間越來越大，書籍的領土越來越小，不過值得慶幸的是，仍保留了一櫃宗教類書。佛教、基督教、新時代，還是沒有伊斯蘭教。

尋找伊斯蘭教書籍的念頭盤旋不去，有天經過夜市，在小吃、服飾攤位的中間，竟發現一間小小舊舊的傳統二手書店。抱著也許會中彩券的希望走進去，有一櫃宗教類書。當然，也沒有一本關於伊斯蘭教的。

雖然在網路書店以「伊斯蘭」爲關鍵字來搜尋，仍然可以找到不少書籍，但是依據我小規模的田野調查，「伊斯蘭」在實體書店的缺席，還眞讓我有點吃驚，同時，也證明了伊斯蘭教在台灣的冷門程度。這也難怪，當生活在台灣的二十萬個印尼移工，從各個家庭、工廠湧出慶祝伊斯蘭教開齋節時，即使讀了很多書的檢察官，也會跳出來大驚小怪。

想像一下，在台北車站迎開齋節

時間回到二〇一三年八月十一日星期天，那天，是伊斯蘭教開齋節之後的第一個星期假日，大批信奉伊斯蘭教的印尼移工聚集在台北車站。

一位帶著家人從台南到台北旅遊的檢察官，從地底的高鐵月台到了平面的台鐵大廳，憤怒地將眼前景況形容為「台北車站已被外勞攻陷」。透過媒體的報導，引發了一連串爭論。一方認為移工聚集「有礙觀瞻」、阻擾旅客進出，一方則主張台鐵大廳原本就是公共空間，應該尊重移工與其信仰。而兩邊不討好、兩面不是人的台北車站，認為最大的麻煩是移工席地而坐談笑飲食，飲料食物難免打翻，會造成地面濕滑髒亂。

這的確左右為難。台北車站有其交通樞紐的任務，但是開齋節是伊斯蘭教最重要的節日，重要性好比華人的農曆新年、基督徒的耶誕節。絕大多數信奉伊斯蘭教的二十萬名印尼移工，經歷了日間不可進食飲水的三十天齋戒月（伊斯蘭曆的九月）之後，在這個星期天放假相聚。

而交通便利的車站，原本就是朋友相約的第一優先場所，台灣人亦然。尤其對於薪資偏低的移工來說，渴望的只是暫時脫離工作場域，見到熟悉的面孔，吃熟悉的食物，以熟悉的語言交談，在放假時間有限的狀況下，車站不僅是他/她們相聚的第一站，也可能是唯一的一站。

我對此在天下雜誌的「獨立評論@天下」發表了兩篇文章〈相約台北車站〉、〈承認吧！我們總是歧視著什麼〉，呼籲正視印尼移工眾多的事實，並爲隔年的開齋節預做準備，建議二〇一四年開齋節後的星期天，在台北車站裡裡外外加上印尼文的指示標語，歡迎勢必從各地湧來的印尼移工。而且更進一步因勢利導，邀請伊斯蘭教的神職人員（稱爲「阿訇」），在台北車站大廳主持敬拜儀式。

伊斯蘭教的敬拜儀式非常莊重，敬拜者必須服裝儀容整齊，尤其要把雙腳洗乾淨，酒醉不能參與，男女要分區。於是當天的台北車站大廳，將會看到印尼朋友們安靜地走上地毯，排列整齊地朝向伊斯蘭教聖地麥加的方向，在「阿訇」的引領下，反覆立正、鞠躬、跪下、叩首，嘴裡背誦著古蘭經文。

因爲要敬拜，所以會鋪地毯，而且，因爲地毯是敬拜要用的，所以在非敬拜的時段，理所當然必須圍起來保持清潔，只留下通道供旅客通行。也就是說，這一天的台北車站大廳，就像舉辦活動展覽時一樣，不方便讓大家席地而坐吃東西聊天，這也就解決了讓台北車站頭痛的問題。

當然還需要其他的配套措施。包括在車站周圍的空地邀請相關攤商、社福單位、醫療單位進駐，最好還有表演、伊斯蘭文物的展覽，吸引人潮離開空間有限的大廳。

再遠一點的二二八公園，原本就是移工朋友假日聚會的熱門場所，公園裡的台灣博物館與二二八紀念館，若能配合伊斯蘭開齋節，準備印尼文的簡介傳單與印尼語導覽，也可順便讓這些遠來的朋友深入地了解台灣。

當然，這些純粹只是我的建議，最後如何，還是要看台北車站的決定。

就業安定基金不要躲

二〇一四年伊斯蘭開齋節結束後的第一個星期天，我和妻子雲章來到了台北車站。其實爲了這天，我從前一年的開齋節開始，幾乎擔心了一整年。擔心又有不明就裡的台灣旅客乍見「外勞攻陷台北車站」而動怒，也擔心台鐵當局橫了心，撒手不管必定會人山人海的這一天，反正隔天頭戴鋼盔被罵一陣，就沒事了。

不過，幸好，台北車站這一年來與台北市政府、在台印尼媒體、移工組織密切聯繫，在有限的預算裡，多多少少做了一些預防措施，諸如當天增加印尼語廣播、印尼文標語、導引人員，也安排了表演，隔天的媒體報導都很正面。我相信，剛卸任的台北車站站長古時彥，也把他前兩年被K的慘痛經驗傳授給了新站長簡信立，才有這次的成績。

我一直很同情台北車站。當初被設計成所有交通動線的樞紐，勢必就會在特定時間成爲人潮聚集處，也不能臨時生出一雙腿躲起來。而眞正該擔起責任的勞動部與經濟部，卻裝聾作啞。台灣要發展經濟，所以從東南亞引進「勞動力」，但是沒想到，請來的不只是單純的勞動力，也是人，是有信仰有感情、偶爾也會生病的人，主管部門不該視而不見。

怎麼負責？聰明點子或許一時想不出來，但是絕對不准以沒錢當藉口。每一位聘請移工的雇主，每月必須繳交兩千至五千不等的「就業安定費」（聘請照顧老人病人的「監護工」，需繳兩千元。聘請照顧小孩打理家務的「幫傭」，則需繳五千元。所以很多「聰明」的雇主，當然是聘請較便宜的「監護工」來當「幫傭」）。以目前五十萬名移工來估計，兩千元乘以五十萬人，一個月淨收至少一億元以上。年復一年，早已累積不知多少個億的「就業安定基金」，到底用到哪裡？安定了誰？不管前勞動部長潘世偉是因爲緋聞或擋人財路而下台，希望他可以秉持單車夜騎的純情幫忙釐清，也希望檢方可以查出個名堂。

台北車站開齋節，頭巾派對

雲章和我分別穿著一黑一白的「你不孤單」T恤，T恤上有包括印尼文在內、九種文字的「你不孤單」，這是去年童子賢先生贊助移工活動時做的。雲章還特地帶了一件簡易套頭式伊斯蘭頭巾，這是早先四方報印尼主編安妮送她的。我則帶了幾份印尼文版四方報（*Empat Arah*）。

出發！今天是伊斯蘭教開齋節結束後的第一個星期天，我們兩人要去台北車站做田野、湊熱鬧！

穆斯林在台北過新年

台北車站，台灣最大站，捷運、台鐵、高鐵、短程公車、長途巴士載來人潮，在此交錯湧動，除了半夜打烊，這裡幾乎沒有人少的時候。而今天比較特別的是，多了一群一群戴著頭巾、神色慌張又雀躍的印尼女生。下了捷運，我提醒雲章，趕緊拿出祕密武器——頭巾，她說要到女廁對著鏡子戴。

我在女廁門外等了半天，雲章才終於裹著黑色鑲金的頭巾出來。雲章興奮又得意地說，她請女廁裡的印尼女生教她戴，那個印尼女生很高興，細心地幫雲章調整又調整，調整完還要求合照。

順著人流，輾轉到了地面。果然，成群的印尼移工已經溢出室外，在悶熱的車站東門外席地而坐。我們擠呀擠呀擠進大廳，大廳中央有個簡易舞台，一群穿著印尼傳統服裝的大姊們載歌載舞，台灣人印尼人圍成一圈拿出大大小小的手機或平板，劈哩啪啦一直拍。

大廳坐得滿滿的，不過售票處圍了紅龍，確保不要阻礙買票的乘客。通道兩旁的地上則貼了中文和印尼文雙語的標示，寫著「請禮讓通道給老弱婦孺以及大件行李的人」，雖然不怎麼明顯，但是大家也眞的就留出了通道。印尼移工團體ＩＰＩＴ還組織了志工隊，與台鐵的工作人員分頭清潔場地。現場萬人交談嘻笑匯聚起來的嗡嗡聲，搭配舞台音響傳出的音樂，的確是興奮又浮躁的過節氣氛。

老實說，印尼朋友放假來此，也沒眞的要做什麼，有沒有表演也無所謂，就只是剛好過節，所以想和講著同樣語言的親朋好友挨在一起。然而，眞的挨在一起坐在地上一整天，也實在沒那麼多話可以說，多半自顧自地滑手機。簡直就和台灣人過農曆年一樣。

找一找，誰的頭巾最漂亮？

我和出版社約了三點在這兒，他們希望我替兩本書說幾句話，要錄影：藍佩嘉的《跨國灰姑娘》和白曉紅的《散沙》。一本寫台灣、一本寫中國，兩本寫的都是移工，都是深刻誠懇的重要好書。在這滿滿印尼移工的台北車站大廳介紹這兩本書，眞是再適合不過了。

不過錄影的時間還早，我和雲章盤算著，該怎麼打入坐在地上圍成好多好多小圈圈的印尼移工？東張西望，眼前盡是各式各樣色彩斑斕的伊斯蘭頭巾。對了，頭巾！

雲章的頭上，還裹著剛才在女廁時印尼朋友幫她戴的黑色頭巾，我們就以頭巾作爲藉口，找人拍照吧！先搜尋誰的頭巾漂亮，如果她也剛好不忙，就上前要求合照。試了幾次，都非常順利。印尼朋友對於台灣女生願意和她們一樣包頭巾，像是他鄉遇故知，笑得合不攏嘴。拍完照，我們就問問她們在哪裡工作、來了多久，互留臉書帳號，最後再以我們有限的印尼話說聲 Terima Kasih（謝謝），然後她們會更開心地回答 Sama Sama（不客氣）！

我們又找到一位包著頭巾還外加墨鏡的帥氣印尼女生，如法炮製，照樣達陣。不過拍完照之後，這位墨鏡移工和她的兩位朋友似乎在爭執什麼。原來三人都是第一次來台北，現在要回苗栗頭份，但是不知去哪兒搭車。

去頭份的車子，得跨越市民大道，到另一邊的京站轉運站。京站轉運站根本已經不是車站，而是極致商業化的百貨公司。擔心她們迷路，而我們反正還有時間，就善盡地主之誼領著她們過天橋，穿過重重炫目誘人的衣飾櫥窗化妝品櫃台，找到售票窗口。她們買了票，我們好人做到底，再帶她們到二樓候車室。她們三人鬆了口氣，癱軟在座椅上，連番道謝。

功德圓滿，我們回到北車大廳，和出版社的朋友見了面，錄了影。剛好熟識的公視記者張智龍也來錄影，問他有沒有拍到個別的印尼移工，他說沒有，因爲他不會講印尼話。我們連忙說沒關係，她們會講中文呀！於是意猶未盡的雲章和我，再度自告奮勇，又愛現了一次「頭巾田野法」，迅速打入一小圈的印尼移工，還成功說服了害羞的她們對著攝影機說話。

大人物想說什麼，立即會有一整把麥克風嘟到嘴邊，就算他腦袋空空無話可說，也得應付嘟囔：「大家辛苦了！」然而，小人物若想說什麼，卻求爺爺告奶奶也沒人理會，除非你有什麼奇技淫巧或是遇上什麼天災人禍。

比起採訪習慣端架子的大人物，採訪移民移工是光譜上的另一端。大約是從十多年前我念東南亞研究所開始，雲章和我的記者魂，就特別喜歡施展在移民移工的採訪上。我們以台灣人的主流身分，「下訪」底層的異鄉人，讓他們把我們當成發聲的管道，間接實現咱已故老闆成露茜「讓弱勢發聲」的理想。而這也是一條既有趣且有意義的不歸路。

行腳台灣，尋找外籍移工

我和媒體前輩徐瑞希，從二〇一三年起合作了一個東南亞語電視節目，節目名稱是「唱四方」。

「唱四方」是每週播出一次的歌唱節目，但又有點像旅遊行腳節目。我們扛著攝影機，尋訪台灣各地的東南亞族群，請移民移工在鏡頭前以母語唱歌，也順便介紹他們平時的生活，並透過鏡頭和家鄉的親人說說話。

在去年開齋節之前，位於中壢後火車站的「印尼口味」雜貨店老闆娘邀請我們去錄影。小店的一樓店面賣雜貨，兼賣食物餐飲，我們一邊介紹食物，一邊慫恿鼓勵店裡的印尼客人唱歌。

樓下做生意，樓上大家一起虔誠跪拜

錄影時，不斷有人從一旁的側門進出，原來小店二樓是卡拉OK。不只如此，頂樓還有練團室，擺放了包括一整套爵士鼓的樂器。我們上樓錄了一段印尼移工樂團的演奏，結束之

後，他們說「拜拜」的時間到了。

只見移工朋友們整理好服裝儀容，陸續去到三樓的一間祈禱室。祈禱室的牆上掛了一些寫著阿拉伯文的華麗裝飾，地上鋪了毯子，進門要脫鞋。剛才還嘻嘻哈哈在錄影的他們，頓時鴉雀無聲。

在一位年紀較大的印尼移工帶領下，男生在前，女生在後，眾人排成幾列朝向房間的斜角坐下，那是伊斯蘭聖地麥加的方向。帶領者垂首朗誦經文，眾人也閉目垂首跟隨朗誦。帶領者反覆立正、鞠躬、跪下、叩首，眾人也一一跟隨。末了，眾人排成縱隊，一個接著一個在房裡繞圈，亂中有序。

天氣悶熱，大家臉上掛著汗珠，但仍一片虔誠肅穆。我們扛著攝影機在一旁屏住呼吸，聽著移工們專心地念念有詞，不敢造次。

我們有幸參與的，應該是屬於睡前的「宵拜」。依照伊斯蘭教的規定，穆斯林必須在固定的時間進行禱告（拜功），每天五次，分別稱為晨拜、晌拜、晡拜、昏拜和宵拜。與基督教每個星期天到教堂做禮拜不同，伊斯蘭教的大日子是每個星期五集體到清眞寺參加「晌禮」，稱之為「主麻禮拜」或「聚禮」。

阿莉不吃豬肉，穆斯林不吃的四類食物

其實，是我自己怠惰，否則早應該就近了解伊斯蘭教。

在製作「唱四方」這個節目之前，家裡住著一位穆斯林。她是阿莉，照顧我父親的印尼看護工。阿莉來台灣多年，中文聽說流利，電視裡各個我看起來都差不多的韓劇，她都可以將來龍去脈解釋得清清楚楚。

在我們這個沒有特殊信仰的台灣人家庭裡，阿莉作爲一個穆斯林的「特徵」，只剩下「不吃豬肉」這一項。其實伊斯蘭教規範的「清眞食物」裡，豬肉只是不能吃的品項之一。其他包括「血、自死的、宰割時不以阿拉（眞主）之名高呼的」的食物，也在禁止之列。但是，這個規定並非鐵板一塊不能變通。穆斯林若在不得已的情形之下，例如爲了維持生命又沒有別的東西可以吃，不得已吃了非清眞食物時，屬於「其非背叛，也非越範」，眞主是不會責怪的。

古蘭經禁止食用「豬肉、血、自死的、宰割時不以阿拉之名高呼的」四類食物，各有其道理。根據曾任中國回教救國協會副理事長的時子周先生解釋，禁食「豬肉、血、自死的」這三類食物，是基於衛生的理由，而禁食「宰割時不以阿拉之名高呼的」食物，則是爲了堅

定其信仰，並提醒自己，所有的生命都是眞主所賜予，也讓被宰殺的生命回歸眞主。

我們家的阿莉已經期滿回去印尼，不過目前在台灣幫忙照顧老人家的看護工，幾乎八成都來自印尼這個全球穆斯林人口最多的國家。全台各地，不分城市或鄉村，哪裡有老人家，哪裡就有她們的身影。只要天氣別太差，你一定可以在空地或公園裡，看到她們推著坐輪椅的台灣老人家。老人家曬太陽，她們彼此交際，一解鄉愁。

穆斯林在台灣，你去過清眞寺嗎？

根據二〇一二年的統計，全球以伊斯蘭爲主要信仰的國家超過五十個，集中在西亞、中亞、北非，穆斯林人口總數超過十六億。與台灣鄰近的東南亞，印尼、馬來西亞、汶萊、泰國南部、菲律賓南部，當地人也多半信仰伊斯蘭教。

在中國，伊斯蘭教被稱爲回教，主要是因爲唐代時的回紇民族信仰伊斯蘭教。在中國的西北、西南等地，伊斯蘭教信仰普遍；而與台灣接近的福建泉州，也在唐代時便接觸了伊斯蘭教。

台灣目前人數最多的穆斯林，當然是來自印尼的移工。不過若要談起伊斯蘭教在台灣的發展，還是得追溯至名作家白先勇的父親——白崇禧將軍。

出生廣西的白崇禧信奉伊斯蘭教，回教名烏默爾（Omar），是民國時期一位以智謀著稱的軍事將領，在一九四九年國民黨政府遷台時擔任國防部長。白崇禧在台灣擔任中國回教協會理事長，捐款興建了多所清眞寺、發展伊斯蘭教育，照顧了數萬名在那兵荒馬亂的年代來到台灣的中國穆斯林。

另外還有一批原本在中國西南省分的穆斯林，當年隨著國軍進入滇緬邊區，而後陸續輾轉來台。那天我和妻子前往著名的新北市中和「緬甸街」吃飯，看著牆上貼的菜單、掛的月曆，都寫了以圓圈圈構成的緬甸字，頗有興味。但是除了緬甸字的布置之外，卻也發現幾幅寫了像是阿拉伯字的掛飾。

「這是阿拉伯字嗎？您也看得懂？」我問老闆。

「是呀！我們是穆斯林。」

原來來自雲南的老闆夫妻，都是信奉伊斯蘭教的穆斯林，每週五都會到位於新生南路的清眞寺敬拜。而且，不僅他們本身讀得懂阿拉伯文寫成的古蘭經，他們的孩子也看得懂。老闆說，他考慮將來透過清眞寺的系統，把孩子送到阿拉伯念書。

吃過雲南穆斯林老闆的緬甸小吃後沒兩天，我因爲要開會，恰好經過新生南路的清眞寺。這座清眞寺從我有記憶以來就存在，但是從來沒有進去過。距離開會還有一點時間，我決定一探究竟。

灰色牆面的清眞寺，在傍晚的台北街頭有些孤單。我躡手躡腳地步上台階，鋪著華麗地毯的大廳空蕩蕩，牆上安安靜靜地掛了七個鐘。最上方的鐘，標示著當時的時間。下方五個鐘排成一排，分別標示著「晨禮／FAJR」、「晌禮／ZUHR」、「晡禮／ASR」、「昏禮／MAGRIB」和「宵禮／ISHAA」，也就是一日五次敬拜的時間。最左邊還有一個標示著「主麻／JUMAH」的鐘，應該就是每週五信眾來此聚會的時間。

一位貌似中東人的男士經過，我請問他這裡能不能拍照，他客氣地回答沒問題。我追問這裡有沒有一些伊斯蘭教相關書籍，他指了指一間辦公室。

辦公室的門口掛了「中國回教協會」的牌子，我探頭張望，一位小姐正在影印文件，一位先生正坐在桌前辦公。我表明來意，說我要寫一篇關於伊斯蘭教的文章，但是在書店裡找不到相關書籍。這位小姐笑臉盈盈，從櫃子裡拿出幾本書和《中國回教雙月刊》給我。

我拍了幾張照，帶回一疊書。如果眞的要搞懂伊斯蘭，這可能是起點，而樓下小公園的印尼移工們，就是最好的老師。

台灣不是大天朝，東南亞不是番邦小國

眾聲喧嘩的媒體，無遠弗屆的網路，觀看世界的管道數不勝數。但是，我們看得比過去更清楚嗎？

十多年前，我的已故老闆、台灣立報社長成露茜給了我上下兩冊《東南亞史》，摧毀我建構於影視與偏見的東南亞刻板印象。是呀，東南亞山海縱橫、文明豐饒、恩怨情仇層層疊疊，我怎麼一想到東南亞，卻只想到越戰、人妖、椰子樹？尤其，台灣明明距離東南亞這麼近，而且，明明已經有這麼多東南亞朋友和我們共同生活在這座島嶼上！

當然不能以媒體人的身分抱怨媒體沒給我正確的消息，只能怪自己沒認眞做好「媒體識讀」，對各方湧來的資訊未經思考、囫圇呑棗。也只能怪自己原以爲是「放眼全世界」，其實只是遠眺歐美日，卻漏掉了比鄰的東南亞。

移民移工不是問題，是答案

東南亞移民移工大量出現在台灣約莫有二十年時間，到二〇一四年，總數約有七十萬

人。主流論述總是將大批的移民移工「問題化」，念茲在茲的是如何「管理」。不過就我看來，絕大多數的移民移工都是爲了改善家境來到台灣，目的單純，政府只要能維護好銀貨兩訖的雇傭關係，確保貧賤富貴一體適用的婚姻制度，根本不需其他特殊的「管理」辦法。

而與「問題化」論述恰恰相反的實情是，她/他們不僅不是「問題」，反而是解決台灣種種問題的「答案」：解決了台灣男性找不到婚配對象的「問題」；解決了台灣工廠欠缺勞工的「問題」；解決了台灣老人家無人照顧的安養「問題」！

無奈的是，台灣向來對東南亞以上國自居，雖然東南亞移民移工替台灣解決了這麼多問題，我們卻仍防之如賊、嗤之以鼻。常聽到移民官員喜孜孜地宣稱，自己在簽證面談時擋下多少對疑似假結婚的台越婚姻；也常在移民移工的活動場合上，看見神情肅穆、目光凶狠的警察先生穿梭其間，使命必達似地搜尋著疑似非法外勞者。

尤其在非法外勞議題上，學者、勞工團體已經一再指出問題癥結不在個別外勞，而是不合理的政策與制度迫使她/他們逃跑，但政府仍然只願意提出「提高檢舉獎金」之類的技術性措施，專挑缺乏反抗能力的弱勢雇主與非法外勞施加壓力。讓人不禁懷疑，民代高官插股跨國人力仲介的傳言是否屬實？

我們很難去責怪第一線的官員和警察，他們只是依法辦事。要怪就怪他們所依據的法條，以及法條背後所隱含的偏見與歧視。這些偏見與歧視並非一日之寒，自然也不是一朝一夕就能改變，但是如果能夠越早開始，有更多的台灣人願意以寬容、理解的態度面對東南亞移民移工，她/他們這股力量就更能幫助台灣繼續前進。

看見世界之前，先看清自己

認識別人容易，認識自己難。我們得先修正自己的偏見，才能看到完整的世界。台灣汲汲營營要「走出去」，沒有錯，但其實更應該先看看自己的身邊。

仔細想想，現在幾乎每個台灣人，都有機會接觸到東南亞朋友。親戚朋友中或多或少有人與東南亞女性結爲連理，家庭裡有外籍幫傭、看護工，公司工廠裡有外籍勞工，走在街上，也很容易找到越南河粉、泰國餐廳。她/他們勇敢地飄洋過海來到台灣，我們有沒有相同的勇氣，和她/他們說說話，學兩句英文日文之外的外文？即使功利一點想，就當作不用買機票就能體驗異國風情，何樂不爲？而在認識之後，你會發現，我們大家都一樣，有時勇敢、有時軟弱，同樣懷抱夢想努力打拚，但也免不了貪嗔痴怨。

我相信，如果能認識得更清楚，偏見與歧視就能相對減少，同時也把自己向上提升一階高度。如何建立「從台灣出發的世界觀」？就從認識身邊的東南亞移民移工開始吧。

移民移工題材，電視連續劇不愛？

阿姨是韓劇的忠實觀眾，一齣齣在我看來大同小異的韓劇，她可以分辨得清清楚楚，解釋得頭頭是道。我靈機一動：「阿姨，韓劇裡有出現過外籍配偶或者外籍勞工嗎？」

阿姨偏著頭想了想：「沒有耶！」

如果阿姨說的沒錯，那麼，韓劇睜眼說瞎話的本領，倒是和台灣連續劇不相上下。

別叫我外籍新娘，貼近現實的戲劇

電視連續劇是民眾重要的消遣，同時是當代生活、情感和社會的「見證」，就像台灣本土劇裡出現那麼多生技公司，偶像劇裡那麼多民宿場景，以及那麼多三角戀情。韓國與台灣一樣，近年都從東南亞大量引進勞工、迎娶新娘，但是兩地主流的戲劇節目中，卻鮮少看到這些異鄉人的身影，彷彿這數十萬活生生的人，並不存在似的。

韓國方面，我只知道一部韓來電視台曾經買來播出的「黃金新娘」。台灣唯一一部以此爲主題的連續劇，則是幾年前導演梁修身拍攝的「別叫我外籍新娘」。爲什麼？爲什麼主流戲劇節目不能、或者不願意反映現實社會的狀況？是擔心收視率不好嗎？也許。是不知道該怎麼處理這類題材嗎？也許。但我總覺得可惜。

現在幾乎每個台灣人，都有機會接觸東南亞。除了健康美味的越南河粉、華麗辛辣的泰式料理之外，親戚朋友中有人成了東南亞的女婿或媳婦，家庭裡有東南亞幫傭或看護，公司工廠裡有東南亞移工，漁船港口有東南亞漁工，而四萬多名的「逃跑外勞」，也正在辛辛苦苦地替台灣人工作。

揮別高富帥窮酸女，從生活中取材

就算台灣在地理位置上不被劃爲東南亞的一部分，但至少，台灣有一部分的文化、語言、血緣、經濟，很東南亞。而這些勇敢遠渡重洋到台灣的東南亞朋友，她/他們的愛恨情仇，她/他們與台灣本地的融合與衝突，精彩程度絕對不輸富家女愛上窮小子、車禍失憶驗DNA這種老梗。

連續劇的編劇以及老闆呀！台灣的影視產業沒有老大哥在監控，大家愛拍什麼就拍什麼，所以千萬別浪費了先賢先烈爭取來的空間，也別浪費了東南亞這個好題材。透過你們的連續劇，關注我們身邊數十萬來自東南亞的朋友，可能會名利雙收呢！

南洋還是東南亞？練習取個不歧視的名字

分類永遠是個難題。誰來分，誰被分？怎麼分？還有分類後的命名，都是難題。

頗負盛名的越語老師陳凰鳳，日前在「蘋果日報」發表〈別叫我們南洋姊妹〉一文，表示「南洋」是個以中國為中心的歧視用語，她以越南京族的身分拒絕被標示為「南洋」。矛頭似乎對準了在台灣移民運動中努力十年的南洋台灣姊妹會，南洋台灣姊妹會也在隨後以〈請大家重視南洋姊妹主體性〉一文回應，表示會內「上百位來自東南亞各地的會員」，並不覺得南洋一詞有歧視之意。

尊重或歧視，都很主觀

沒錯，中國一向自視甚高，過去就把周圍民族視為化外之民，依據方位稱為「南蠻、東夷、西戎、北狄」，真的是很露骨的歧視了。但將國土四方分別稱之東西南北洋，這卻有點像每個人以自己為中心，分前後左右一樣，在中文的脈絡裡，實在說不上歧視。就像越南和菲律賓，也是以自己為中心，把中國人稱為南海的那片海域，分別稱為東海和西海，而韓國也以自己爲中心，把中國人稱爲黃海的那片海域稱爲西海，都有道理，無可厚非。

不過，有沒有歧視，還得看「自認被歧視者」的個人感覺。既然陳凰鳳老師拒絕「南洋」，下次見到她，我當然要小心避開這個詞，以示尊重。而南洋台灣姊妹會的朋友喜歡自己的名稱裡有「南洋」，那更好，我本來就習慣稱她們爲「南洋姊妹會」。不過請注意，「姊妹會」是這個「姊」，不是這個「姐」，她們很在意的，我常常被糾正。

世界還太新，而我們還不太會取名字

最歧視東南亞的用語，我認爲是「印度支那」（Indochina）。只因爲東南亞地處印度和中國之間，就直接把「印度」加上「中國」，當成東南亞的名字，這簡直不是名字嘛！好比不指稱要找的人，而是喊他：「嘿！站在兩根電線桿中間的那位！」但當初之所以這麼命名，我想也是因爲東南亞太多元、太難懂，遠道而來的西方殖民者也累了，才這麼便宜行事。

總之，文字太有限，世界太複雜，有時候不得不將就。「世界太新，很多東西還沒有名字，要陳述必須用手去指。」馬奎斯在《百年孤寂》（*Cien años de soledad*）裡寫下的這段話，永遠適用。如果眞的想要研究「東南亞」或「南洋」，全台唯一的暨南大學東南亞學系正在招生，有興趣的朋友可以去試試。

把移民移工拉進來，在地文化館的新任務

美國加州洛杉磯中國城的華美博物館，陳列著一百多年來華人跨洋赴美的歷史與物件。有皮箱、衣飾、藥品、碗盤、中文教材、二十四孝掛畫，當然也少不了家書、親人相片。我在二〇一三年初來此一遊，爲的是緬懷已故「四方報」創辦人成露茜博士。她當年任教UCLA洛杉磯大學時，協助創辦這座博物館，留下了百年華人在洛杉磯的吉光片羽，也讓今天的我們得到各自不同的啓發。

美國是個移民的大熔爐，台灣何嘗不是？從遍布山顛海湄的十幾族原住民開始，中國各地的漢人在不同年代以不同理由過海落腳，加上殖民列強西班牙、荷蘭、日本留下的足跡，以及近二十年來大量的東南亞移民和移工，共同構築了當前台灣的面貌。根據統計，除了十年來入籍歸化的十餘萬人之外，目前共有五十幾萬人持有中華民國外僑居留證，多的如印尼、越南，各有十幾萬，少的如尚比亞、格瑞那達，只有一人。

而台灣各式各樣的博物館，該怎麼回應島嶼上各種族群與文化的存在？

架起雙向橋梁，搶先認識東南亞

文化部二〇一三年在台東、台北、台南、高雄辦了四場「地方文化館專業培訓課程」，以文化平權爲主旨，主題環繞著東南亞新住民。剛巧我離開工作七年的「四方報」總編輯職務，時間充裕，參加了其中三場，也不得不思索這個議題。

雖然台灣與東南亞比鄰，雖然台灣人和東南亞新住民朝夕相處，雖然在一些跨國公司的分類裡，台灣已經被劃進東南亞區，不過，這並不表示我們很了解東南亞。相反的，我們對東南亞很陌生。

回想我自己十多年前剛剛接觸東南亞時，正在擔任「台灣立報」副總編輯，當時的我，滿心慚愧，因爲驚覺自己對東南亞竟然如此無知。後來讀了幾年書，跑了幾趟田野，才在社長成露茜的發想下辦了「四方報」，以東南亞母語刊物回應東南亞族群在台灣的實況，進而發展出呈現東南亞新住民畫作的「豔驚四方」畫展、東南亞語歌唱電視節目「唱四方」，以及限定以東南亞文字創作的移民工文學獎。

而此次參加「地方文化館專業培訓課程」的各館社朋友們，似乎都困擾著該如何吸引更多東南亞新住民入館參觀。我認爲，應該先擺脫參觀人數的綑綁，把認識東南亞當作第一要務。

認識東南亞要從何下手？

該怎麼認識？一般來說，分成陸地東南亞（Mainland Southeast Asia）與海洋東南亞（Maritime Southeast Asia）。「陸地東南亞」因爲地處中國和印度之間，也被西方殖民者稱爲「印度支那」，而在中文的用法裡，則稱作「中南半島」，意指其位在「中國的南方」。不知道在印度人的口中，會不會將之稱爲「印東半島」呢？

此外，也可以從宗教來談東南亞。菲律賓和東帝汶因爲殖民母國的緣故，信奉天主教；印尼、馬來西亞、汶萊是伊斯蘭教國度。緬、泰、寮、柬信仰南傳佛教，而與台灣信仰類似的是信仰北傳佛教的越南，以及以華人爲主的新加坡。而昔日風行東南亞的印度教，仍活躍於印尼的峇里島，並在柬埔寨與越南南部留有眾多遺跡。

當然，宗教的分類與現在的東南亞各國國界並不契合。泰國和菲律賓兩國南部有想要獨立的伊斯蘭教徒，而以伊斯蘭教爲國教的馬來西亞，則有眾多不信伊斯蘭教的華人與印度人。至於越南境內則有大量的天主教徒，西南部還有獨樹一幟、信徒百萬的高台教（Dao Caodai）。

除此之外，還可以用語系來分。緬甸語和華語是漢藏語系，泰語、寮語是壯侗語系，越南語和柬埔寨的高棉語屬於南亞語系，而菲律賓語、印尼語、馬來語等海洋東南亞的語言，則和台灣的原住民語同屬南島語系。

然而，語系卻又不完全等同於文字。緬語、泰語、寮語、高棉語分屬不同語系，文字系統卻都受到印度影響。越南、菲律賓、印尼、馬來西亞則因爲殖民母國的緣故，以羅馬拼音書寫他們的語言。

上述的分類，並不成熟嚴謹。該如何呈現紛雜多元的東南亞，的確是個難題，卻是個值得博物館挑戰的難題。依據國際博物館協會對博物館的定義，博物館「獲取、保存、研究、詮釋與展示人類的有形和無形文化遺產及環境，以獲致博物館教育、學習與娛樂等等目標」。目前台灣的文化機構，已全面啓動對東南亞新住民的重視，而博物館在試圖吸引東南亞新住民入館參觀之前，更迫切的選項，應該是先一步帶領自己以及台灣主流社會的民眾，一同認識東南亞。

南腔北調才是正常現象

國民黨在二〇一三年十月二十六日辦了一場表揚新移民的活動，民視以「憂發音，總統勸新移民勿教小孩英文」為新聞標題，指總統馬英九在表揚新移民的場合，卻貶損新移民的口音。

當然，馬英九並不是在討論「在台灣的新移民該不該教小孩英文」，而是以此為例，主張台灣的新移民應該將「教中文」的工作，交給學校老師。他引述一位早年美國幼稚園教師的說法，主張「新移民不應該教小孩移居地的語言」，這項工作，交給當地學校的老師即可，才不會「教壞」小孩。

標準道地的發音，是學語言的不二法則？

至於馬英九是不是貶損新移民的口音？也許不是惡意，但的確貶損了。他想當然耳地主張要教導下一代「標準」的語言，符合「講話要標準」的主流思考。這和有些雇主要求月領一萬五千八百四十元台幣的菲律賓看護工免費教小孩英文，卻又擔心小孩學不到「標準」美語的心情，不相上下。

另外，也要幫總統澄清一下，其實他那天講話的主要內容，是鼓勵新移民媽媽在家教導小孩母語，因爲小孩學會母語，未來可運用母語跟媽媽的母國社會來往，是一項很重要的資產。同樣一場活動，蘋果日報所下的標題是：「出席新移民表揚大會，馬英九：台灣就是移民社會」。

可惜民視記者只擷取了可以打馬的那一部分，把力氣用在嘲弄這位民調極低的總統（我想到「嗑爛飯」這個詞），完全沒談「總統鼓勵新移民媽媽在家教導小孩母語」，後續的訪問也是雞同鴨講。不過，這是民視的新聞選擇，無可奈何。

馬英九這次的談話，我認爲值得大大宣揚的，是他鼓勵新移民教小孩母語。而值得商榷的一點，是他對於標準語言的看法。

妻子雲章有位台灣朋友去荷蘭讀書，指導教授問她：「妳是不是美國人？」台灣朋友很好奇，爲何有此一問？指導教授回道：「不然，爲什麼妳的英文是美國腔？你們台灣的腔調是什麼？」這位曾經以標準「美國腔」英文爲傲的台灣人，頓時無地自容，班上來自各地的同學各有各的腔調，只有她，失去了自己的腔調。

雲章在越南學越文時，一位來自越南中部的朋友誠懇地對她說：「妳不要跟我學越語，我的中部腔，北越南越人都聽不懂。」我在越南南部學語言的時候，也有一位北越朋友很憂心：「要學越語，就要學我們北越的。南越的越語『不準』。」

字正腔圓的標準在哪裡？

然而，什麼是準？什麼是不準？若是越南統一之後，以南部的越語爲標準制定「國語」（不是只有台灣有「國語」，在越南，越文也是他們的「國語」），那就是北越的發音不準啦！萬一以中越的發音爲準，那麼，南越北越就都不準了。

場景拉回台灣，我要說的是，「標準」是會修改挪移的。現在誰還講「李季準式」的中文呢？「台灣國語」、「客家國語」、「原住民國語」，或者「宜蘭腔台語」、「台南腔台語」，不也各領風騷？如果你說著一口捲舌的「標準國語」，恐怕才會引人側目，被懷疑是不是舌頭生病了放不平？

因爲長期在「四方報」工作，與來自各國的東南亞同仁相處，我和雲章漸漸可以分辨各種腔調的中文。他們以帶有各自腔調的中文和同事溝通，「越南國語」、「泰國國語」、「印尼國語」、「菲律賓國語」、「柬埔寨國語」，反映了母語的發音與文法，也記錄了每個人的生命歷程。反正「四方報」也不是「國語」日報，彼此偶爾鬧點笑話，只要無礙溝通就好。

「腔調」是有意義的，「沒有腔調」才可怕。「道地」很好，但是，各地有各地的道地。至於「標準」的語言，供在那裡就好，每個人在使用語言時，能溝通就好，既能溝通又能保有特色與腔調，最好。

馬英九期待大家都能講「標準」的語言，我認爲是過時的主張，是奉標準語言爲圭臬者的傲慢。雖然講標準的語言，的確可以避免被嘲笑。然而，嘲笑別人者，未必就正確。眞正要改的，反而是嘲笑別人的人。

讓我們一起來講媽媽的話

下課時間，同學們趴在二樓走廊的欄杆上向下張望，一位高鼻深目、金髮冉冉的男子經過，有人喊了一聲：「哈囉，美國人！」男子回頭揮手笑笑，我們嘻嘻哈哈很得意。老師不知何時出現在我們身後，說：「他是『外國人』，不一定是『美國人』。」

這大約是我小學二、三年級的事。

怎麼這麼傻，把所有的西方人都當成美國人了？

要怪只能怪當時我們年紀小，這都是平時耳濡目染的結果。但即使到了現在，如果稍微留意一下周圍的談話，或者看看談話性節目，「國外」、「外國」或「外國人」這樣的字眼被使用時，最常指的仍是美國，或泛指北美和西歐，最多再將日本、韓國、新加坡等「先進」國家包含進來。

那麼，非洲、中南美洲、西亞、中亞、東南亞等其他的「國外」或「外國」，該怎麼稱呼呢？

十二年國教課綱納入新住民語言，正當且急迫

台灣長期籠罩在歐美日等強勢文化之下，有所偏食、斜視，在所難免。二〇一三年十月，立法委員林佳龍建議將新住民的語言納入十二年國教課綱，時任教育部長蔣偉寧回應：「大方向我支持。」善哉！這將是改造台灣體質的大好良機。課綱若眞能朝此大方向修訂，不管從左看、從右看，看現在、看未來，都有極大的正當性與急迫性。對台灣目前五十萬東南亞移工、二十萬東南亞新移民及其子女來說，影響深遠。

雖然台灣社會同意不該歧視，人情味也不該區分國籍貧富，尤其對於新移民及其子女，更在理性上歡迎她/他們「成爲我們」。但不可否認的，多數的東南亞新移民與移工，仍是台灣的社經弱勢。她/他們的文化，以及與文化並存的語言，並沒有受到台灣主流社會的重視。若能藉由此次十二年國教課綱修訂的機會，在課綱中加入「新住民語言」或「東南亞語言」的字眼，進而落實在教學現場，不僅意味著台灣「正視」東南亞移民與移工的存在，也算對於當年「國語政策」強壓方言的眞誠反省。

再將焦點放在新移民子女身上。教育體制一旦認可「媽媽的話」，絕對有助於親子關係，新住民媽媽將不再是「國語說不好」的媽媽，而是擁有「特殊能力」的媽媽。而了解某

一種東南亞語言的台灣下一代，要是未來有機會前往當地經商、旅遊、求學，將不至於如這一代的台灣人，因為語言障礙而困難重重。

對於母親不是東南亞新移民的台灣下一代，校園中的東南亞語言教學也有其優點。多會一種語言，就等於替自己多開了一扇窗。即使沒有認真學，但因為從小就知道東南亞語言的存在，知道了所謂的「國外」不僅僅指西洋歐美，這樣的孩子，肯定會比當年的我有更全面的國際觀，不會以為所有的「外國人」都是美國人。

東南亞語的教材、師資，都不是問題

要推行這樣的十二年國教課綱，當然要考慮到目前缺乏的東南亞語言教材與師資。不過，這都是不難克服的技術問題。

所有的東南亞新移民語言（越南語、泰語、印尼語、菲律賓語、柬埔寨語、緬甸語）都是拼音文字，會拼就會念，比起中文漢字，進入門檻相對較低。而東南亞各國也都有完整的語言教材，中國大陸亦早已起步。我們以該國的語言教材為藍本，參考中國大陸的經驗，改編為適合台灣的語言教材，絕非難事。

至於師資，當下確實不足，不過任何一門新學科剛剛開張時，不都如此？如果今天在課綱裡定下目標，自然能發揮導引作用，吸引有志者修習東南亞語言教學。除了已經通曉中文和母國語言的新住民之外，近年大量前往東南亞擔任志工的台灣本地青年，亦爲師資來源。從現在開始準備，等到民國一〇七年十二年國教課綱正式上路時，肯定已萬事具備了。

最大的技術問題，則是上課「時數」。如何在現有的時數裡東挪西挪，分給東南亞語言一杯羹?有人主張，以社團時間或彈性課程的「市場機制」，讓家長或學生自行決定要不要學新住民語言。但我認爲，萬萬不可。

強勢語言和弱勢語言不能一概而論。對於主流社會崇尚的強勢語言，你不要學生去學，他都會自己想辦法學，商業力量也不會坐視這塊大餅。學習東南亞語言雖然極具正當性，但是該語言在台灣畢竟是弱勢，除非以政策強力引導，否則可預見其收效甚微。

不管就國際政治、商貿旅遊、文化血緣等各個層面，台灣都沒有理由不重視東南亞。無奈台灣長期籠罩在歐美日等強勢文化之下，以至於忽視了我們的東南亞鄰居。

時至今日，東南亞不僅是台灣的鄰居，更是台灣的親人。教育是最需要前瞻性的志業，「媽媽的話」如果眞能進入十二年國教課綱，將有機會修正我們長期向強勢語言文化的傾斜，提醒我們平等對待和台灣榮辱與共的數十萬移民移工，這不僅是爲了下一代著想，也是爲了我們這一代。

新住民二代：混血公主與王子

朋友對我寫聯合報「青春名人堂」專欄的「青春」二字有意見。的確，年過四十，就連青春的尾巴都不見蹤影。那麼，就來懺悔一下青春吧！

誰不曾青春？就像誰不曾犯錯一樣。我青春時犯的錯誤之一，就是沒有多和僑生同學認識，錯失提前認識世界的好機會。不過比起來，我犯的錯還算小。有些人不僅不把握機會認識遠來的同學，甚至還急切地劃清敵我界線、排擠少數，損人不利己。

怎樣才算台灣人？

二〇一三年在清大的一場移民座談，有位濃眉大眼的女同學提出一個大哉問：怎麼樣才算台灣人？

之所以有此一問，是因爲台菲混血的她，膚色較深，從小就不斷被問：「妳是台灣人嗎？」雖然她在台灣長大，國台語流利，但仍被這些質疑與歧視逼迫得無處容身。說到傷心處，她紅了眼眶。

我提供兩個建議。一個是技術性的：要是再有人這麼問，就順著對方的意，給他一個陌生的國度，配合一套天方夜譚的說法，讓對方察覺自身的無知。情境模擬如下：

「妳不是台灣人吧？」

「我從菲律賓來的。你去過嗎？」

「沒有耶！你們那裡很落後吧？」

「我們住在樹上，用貝殼交易。五個貝殼換一杯熱拿鐵，十個貝殼換一支智慧型手機。」

「眞的？你們也用智慧型手機喔？」

「當然囉！不然，遇到傻瓜的時候，怎麼即時在Facebook 上告訴朋友呢！」

另一個建議，是認清這個問題本身的膚淺狹隘。

怎樣才算台灣人？台灣人難道都得長成同一個德行嗎？要是「台灣人」的界線如此嚴格呆板，一定要吃台灣米、喝台灣水、說台灣話（河洛話？客家話？阿美族語？達悟語？哪一種才算？），才有資格被劃歸爲「台灣人」，那麼，我寧願不是。

多元的社會，更需要一顆開放與包容的心

「我們不要跟某某某玩」，是孩子的口頭禪，出自於「劃界線」的本性。長大之後，我

們都知道這個本性是不應該的，應該要克制的。事實上，「混血」才應該被欽羨稱道，因爲在生理、心理、文化各方面，混血的下一代，都擁有更強的適應力與競爭力。

千百年來，台灣一直是混血的島嶼，不同文化與血緣的碰撞，造就了今天的我們。我理想中的台灣人，是膚色深淺、胖瘦美醜、貧富貴賤不論，但是彼此多元包容、心胸開闊，在對待老外和外勞時，一樣有人情味。

派遣式外籍家務工，歡迎上路

二〇一三年起，勞委會預計試辦「鐘點制、派遣式外籍家務工」，讓一踏上台灣就被綑綁在個別家庭內的移工，有制度性的管道與外界接觸，也不用再讓雇主一律背負「牢頭」這個污名。

不是沒有一見如故的主與雇。但是，人與人的相處難免有摩擦，更何況外籍家務工與台灣雇主之間，還有文化、語言、習慣的差異。然而當前台灣的外籍家務工，一來台灣，便一刻不得閒地進入雇主家，是福是禍，聽天由命。而就雇主來說，一位陌生人就此長住家中，徹底沒了隱私，還得爲她的行蹤負責。

派遣式家務工視需要選派，勞資都是雙贏

雇主有好有壞，外籍家務工也是。長時間近距離相處的兩方一旦爆發爭議，誰是誰非，清官也難斷定。最後，相對弱勢的外籍家務工往往吃悶虧，但是雇主「剝削外勞」的罪名卻也揹定了。兩敗俱傷。

此外，現行制度還有根本違法的部分。二〇〇七年開始，政府默許外籍家務工與基本工資脫鉤，停在新台幣一萬五千八百四十元；休假、工作範圍，也任由權力不對等的勞雇雙方自行「協調」。在轉換雇主不易的前提下，結果可想而知，勞基法形同虛設。

現在總算有了契機。倘若外籍家務工可轉爲派遣式，雇主依需求向各地社福機構申請，機構則在保障外籍家務工最低工資的前提下，依工作類別、時段、移工的專業能力，列出時薪價目表，供雇主選擇。新制有如「點餐」，需要多少點多少，未必省錢，但是錢都花在刀口上，心安理得。

最大的好處是，勞雇之間眞正成爲「勞雇」關係，有上班、下班時間，雙方若是不投緣、不合適，皆可換人試試看，移工不至於被迫只有「逃跑」一途。而糟糕的雇主或者移工，也從此有了淘汰機制，糟糕的雇主將聘不到人，糟糕的移工將無人願意聘用。

一個月兩萬元任差遣，還能心安理得嗎？

不過對雇主來說，在現行體制下，「合法」聘請一位外籍家務工的成本大約兩萬元，只要夠狠心，把她從第一天開始就關著，不必擔心逃跑、不會被懲罰，即可有一天二十四小時的勞動力可使用，一個月兩萬元吃到飽，很划算。這會誘使部分貪小便宜的雇主捨不得放棄此一「不義」的既得利益，也會百般阻止願意「點餐」、希望與外籍家務工「公平交易」的雇主轉向新制。

我們強烈主張，此一新制應盡快上路，全面實施。這不只是解救外籍家務工於家務黑箱的機會，也是台灣本身擺脫不義的機會。（撰文：張正、白宜君）

正義的本質，應該放諸四海皆準

有座城，長年風調雨順、豐衣足食，大人買樂透必定中獎，小孩打 Game 一定過關。怪哉，天底下豈有此等好事？

原來關鍵在於，城的地窖裡關著一位小女孩。小女孩並沒有犯錯，但是只要關著她，別理會她的哀號哭泣，城裡的人就可以繼續幸福美滿。反之，一旦放出無辜被關的小女孩，這座城就會恢復常態，偶爾天災人禍，樂透未必中獎，打 Game 未必過關。

城裡的人該怎麼辦？應該放出小女孩而犧牲自己的幸福，還是關著小女孩繼續自己的快樂？難以抉擇。

社福外勞，就像是關在地窖裡的小女孩

這當然是一個比喻，來自哈佛教授桑德爾（Michael Sandel）的大作《正義：一場思辨之旅》（*Justice: What's the Right Thing to Do?*）這本書。我覺得故事裡的角色，很像台灣社會與東南亞社福移工，而我們這些城裡人，也面臨同樣的道德抉擇。

當前的台灣，約有二十一萬名社福外勞，他們絕大多數是女性，照顧台灣的老幼病殘。為數二十一萬的他們，雖然生活與工作在台灣，雖然台灣訂有勞動基準法（簡稱勞基法），雖然勞基法將每日工作八小時與基本工資定為「勞動條件最低標準」，但是，這些都與他們無關。

在很久很久以前，大約二〇〇七年左右，他們和勞基法還有一點點關係，那時他們的每月薪資，名義上符合勞基法的最低基本工資——一萬五千八百四十元。後來基本工資調漲，政府為了避免得罪廣大的社福外勞雇主，所以睜一隻眼閉一隻眼，將他們的薪資與勞基法脫鉤。至於他們普遍工時過長、休假不正常的狀況，政府則是兩隻眼睛都閉上。根據台灣國際勞工協會（TIWA）的資料，台灣的社福外勞每日平均工時是十四個小時，半數全年無休。

二〇一四年六月，改制後的勞動部傳出要調整他們的薪資，要讓他們七天有一天休假，以符合勞基法。這個遲來的正義，合情合理合法，只不過是想讓他們在以人情味著稱的台灣，享有「最低標準」的勞動條件。然而一如預期，調整案還是無疾而終。

消息剛出來的時候，各大媒體並不直接反對，不過做法倒是有志一同：不去訪問二十一萬個他們的看法，而是訪問了想當然耳會反對的一方——雇主。「台南的徐姓雇主說，她不是不願讓外勞休假，但她前兩名外勞都是休假後一去不復返。」❶嗚呼哀哉，這麼差的勞動

❶參見聯合晚報：「雇主：外勞休假，誰來代班？」一文，http://ppt.cc/-qRo

條件，憑什麼指望人家要乖乖回來呢？

媒體也訪問了一些台灣上班族，「上班族嘆五年沒加薪，超羨慕」。❷五年沒加薪，的確很慘，不過，社福外勞的工資則是十七年都沒調整過了呢。

也罷，台灣的媒體站在台灣人的立場，只訪問台灣人，情有可原。不過，這樣的民眾反應和報導方向，眞的是站在台灣的立場嗎？繼續將社福外勞的勞動條件壓在勞基法的標準之下，眞的對台灣好嗎？我很懷疑。

凡事有利有弊。如果維持現狀，省錢是最大的好處，無需贅言。至於壞處是什麼？我也站在台灣的立場，說說維持現狀對台灣有哪些不好。

首先，維持現狀，意味著我們認可「同人不同命，投胎最重要」。他們雖然在台灣工作，仍是外國人，不是「我們」，所以領低於台灣法律規定的薪資，不能和我們一樣按時休假，理所當然，沒有關係。那麼，我們還能指責有人含著金湯匙靠爸選市長嗎？還能嘲笑董事長的無能子嗣妄想接班的醜態嗎？

其次，維持現狀，意味著我們認可同工不同酬，而本勞也持續缺乏競爭力。試想，聘請一位台籍家事幫傭的費用，可以同時聘請三位家事外勞，誰還要聘用本國人呢？

第三，維持現狀，也就是持續證明勞基法形同虛設，我們默許政府不需依法行政。風險在於，今天是他們被排除在勞基法之外，明天是誰？一個解決之道，是明確宣示「非中華民國國籍者不適用勞基法」。甚至更極端一點，乾脆廢了勞基法，回到叢林法則。

如果我們自己都不追求正義，何能要求別人對我們正義

台灣常常被欺負，很多事情我們都不能決定。例如，能不能叫對岸的飛彈轉向，能不能去釣魚台釣魚，能不能拒吃美國牛肉，能不能去聯合國參一腳……這些，通通操之不在我。難得在社福外勞調薪與否、休假與否的題目上，台灣有幾乎百分之百的決定權。我們可以理直氣壯地說：大從國家，小至公司，都不是爲了追求正義而構成的組織；道德也有遠近親疏之別，而政策總是有利有弊，總有人要吃點虧。而在這個議題上，我們是公民，他們不是，我們可以投票，他們不行，所以結果很清楚，我們要省錢，他們得繼續工作，不但不該向上調薪，還應該向下調薪，反正他們還是願意來台灣工作，就算犧牲一些情理法，也是莫可奈何。

但是，我們眞的要這樣說嗎？

---

❷參見蘋果日報：「家事外勞　擬加薪一成」一文，http://ppt.cc/1fk

回到最初的故事。如果我們這些城裡人，最終仍然決定把無辜女孩繼續關在暗無天日的地窖，以保有自己的富足安樂，那麼，下回要是我們自己不幸成了那位小女孩，被當作成就他人富足安樂的犧牲品，也就只好認命了。

同樣的，如果下回台灣的子弟在海外打工被剝削，與當地人同工不同酬，我們也千萬別抱怨。如果下回我們自己在辦公室裡被欺負、被踐踏、被犧牲，也只能惦惦承受了。

外籍勞工的春雨來不來？

春雨來臨之前的週末，我驅車前往位於台北三峽山區的外國人收容所，看阿雪。阿雪是俗稱的「逃跑外勞」，違反外國人居留規定，被逮了，等待遣返越南。

這是我第二次來這裡。第一次，是跟著阮文雄神父一起來的。阮神父被越南政府列爲不受歡迎人物，也讓台灣政府很頭痛，因爲他不乖乖只當個神父，四處營救受難越南移工，協助他們打官司，監督台灣的移工人權，同時，還抽空指責越南的不民主。

那次，我跟著阮神父進了收容所的鐵籠內，面前坐了幾十位越南移工，他一一詢問有什麼需要幫忙。我的越文不行，幫不上忙，也不能拍照，乾著急。

這次我一個人來，算是看朋友，畢竟認識阿雪很久了。

阿雪，一個資深的落跑外勞

阿雪可謂「資深」的逃跑外勞，在台灣前前後後已經待了十二、三年，國台語輪轉，外表更與台灣人沒有分別。爲什麼還會被逮？只能怪她生意做太大。

生意當然不是一蹴可幾的。剛開始，逃跑的阿雪四處打零工，在大台北各處的大廈公寓裡當臨時打掃人員。後來認識了「老公」，一位單身的中年台灣男人。這男人有一台貨車，幫忙小型搬家，和阿雪搭檔，剛好可以做點越南圈子的生意。

有一回，男人開車載拄著枴杖的阿雪來我們報社買報紙，我問她怎麼了？阿雪笑著說，趁著沒生意的空檔，去河邊「撿鐵」，不小心跌斷腿。她笑，我也笑，心想，這是多麼辛苦的生活啊！

「四方報」辦活動，阿雪常來參加，不時分享一些閃躲警察的驚險經驗。有回她騎車被警察攔下臨檢，拿不出證件。阿雪先聲奪人，反問警察，要不要等她老公把證件從家裡拿來？警察嫌麻煩，放了她。

最近這兩年，阿雪瘦了，打扮更時髦，偶爾還染金髮。千萬不要問她怎麼瘦的，否則她會順勢拿出隨身的健康飲料，然後滔滔不絕地告訴你一大堆健康理論。原來她在做直銷，還想拉我當她的下線。前幾個月更厲害，做起無國界的網路生意，越南老家的親戚一起幫忙，好像賺了一些錢。

逮她的警察，就是騙她說要買直銷的產品。阿雪把假扮客戶的警察請到家裡，警察聽完阿雪的直銷說明，亮出身分，是專程從南投到台北來抓她的。

在收容所的會客室，隔著透明壓克力窗，阿雪和我一人拿著一支話筒。她還是一樣爽朗，笑著說自己的大意，笑著說可能是誰檢舉她的，笑著說幸好她已經教會越南家人在網路上做生意。只是，看守所裡不能化妝打扮，阿雪比先前樸素許多。

她說，她已經和越南的老公離婚了，這次被遣返之後，希望重新回到台灣，和台灣老公結婚，但是有逃跑的「前科」，恐怕不容易。

我拿著話筒，躲不掉話筒上濃重的口水味。不難想像，先前有多少人隔著窗，緊握話筒、四目相望，傾訴殷殷。

落跑外勞是台灣治安黑洞，別說笑了

移工逃跑「不對」，違反了台灣的法令，所以要抓，抓到了要遣返。不過，南投的警察專程到台北來抓，事情有這麼大條嗎？或者說，政府能不能在「前一個階段」多花點力氣：如何減少移工逃跑？

如果工作環境與待遇合理，還會有這麼多移工冒險離開工作崗位，一邊躲警察一邊討生活嗎？我相信不會。台灣有五十多萬「合法」移工，四萬多名「逃跑外勞」，這麼高的「非法」比例，肯定是制度有問題。

尤其占「逃跑外勞」最大宗的家庭看護工，歷經國、民兩黨執政，基本薪資數度調漲，他們的月薪卻文風不動，定格在多前年的每月一萬五千八百四十元。這種每天工作二十四小時，卻只有低於基本工資的薪水，要是你有機會「換工作」，你不換嗎？你不逃嗎？

然而，移工一旦「自力救濟」換了工作，就成了警察眼中的要犯、黑道手中的羔羊、千夫所指的惡棍，或是誤入歧途的笨蛋！雖然所謂的「逃跑」，也不過就是「翹班」、「跳槽」。選擇工作的自由應該是基本人權，怎麼被當成了犯罪？

即使把法規搬出來，「逃跑外勞」也僅僅違反了與雇主的民事雇傭契約，在未經許可的狀況下居留與工作（牴觸「入出國及移民法」與「就業服務法」中的行政規定）。甚至，法律上根本沒有「逃跑外勞」這個詞，她/他們只是「行蹤不明」，處在一個雇主、仲介、國家機器都不清楚的狀態。即使被抓，也只需繳交最高一萬元的罰款，這意味著台灣法律頭腦還算清楚：「行蹤不明」造成的危害，遠比危險駕駛、逃稅漏稅要輕微得多。

遺憾的是，政府要求仲介嚴加管理移工，對非法雇用的雇主嚴厲懲罰，以高額獎金鼓勵大家當「抓耙子」，甚至將移工貼上治安黑洞的污名標籤（根據警政署的統計，移工的犯罪率根本不到台灣本地人的十分之一），但是從根本上解決問題的努力，卻異常遲緩。

直到二〇一三年，由弘道老人基金會試辦的「鐘點式外籍看護工」、「走動式長期照顧」，總算露出一道曙光。根據新的辦法，雇主依照所需要的服務繳交費用，無需負擔移工的生活食宿及萬一移工逃跑的責任。而移工就像派遣工，不必二十四小時待在照顧者家中，擁有喘息的機會，畢竟沒有人願意二十四小時住在辦公室。

從二〇〇三年起，兩年一度的移工大遊行，主題圍繞著卑微的移工休假權利，但始終沒有進展。當許多台灣人擁有週休二日時，對於身邊這十多萬名低薪、全天候工作、休假必須由雇主「恩准」的家庭看護工，我們又於心何忍？

千盼萬盼，春雨來了。但外籍移工的甘霖，不知何時盼得到。

不讓你逃，政商勾結的「抓逃大聯盟」

我和兩個同學嘻嘻哈哈翻過圍牆，準備去西門町的冰宮。不料才從牆頭躍下，一個面色鐵青的便衣警察木樁似地杵在眼前，凶巴巴地吼住我們：「你們知道誰住在這裡嗎？你們知道我可以一槍打死你們嗎？」學校圍牆外是僻靜的小巷，小巷的另一側是日式平房大宅，周圍都是便衣軍警。裡面好像眞的住了大官，這個便衣好像眞的有槍，凶不拉嘰語帶威脅地罵了一陣，我們三個高中生穿著制服揹著書包立正站好乖乖聽訓。被罵完，我們沒翻牆回學校，當然還是去了冰宮。

翹課不好，不過也不是天大的罪，諒那個虛張聲勢的便衣也不敢開槍。

退伍後的第一個工作，在金馬獎執行委員會當個小跑腿。眾星雲集的金馬盛會結束之後，就沒啥業務了，我報考資策會舉辦的免費電腦訓練班，考到備取。沒想到電腦班開訓當天，有人沒報到，備取的我臨時被通知去上課。反正在辦公室閒閒沒事，於是我當天下午就興沖沖地去學電腦了。幾天後，接到主管好聲好氣的電話，希望我回去寫個離職簽呈，不然他很難交代。

回想起來，當時的自己眞是惡劣荒唐，不懂人情世故、職場倫理，竟然就這麼不告而別。也幸好，算不得什麼大罪。

大追擊，台越夾殺逃跑外勞

翹課逃學該怎麼處罰？無故曠職是什麼罪？各個單位各有規則。我的運氣好，即使犯了規，也沒受到什麼嚴厲的處罰。

但如果同樣的行爲發生在東南亞移工身上，可就不同了。手銬伺候。讓台灣政府頭痛經年的「逃跑外勞」，始終無解。以工作類別來說，家庭類看護工逃得最多；以國別來說，以越南移工的逃跑人數最多。台灣政府雖然早已禁止來自越南的家庭類看護工，越南政府甚至派出便衣公安來台協助查緝，但是抓得越多，逃得越多。

終究還是越南政府厲害，祭出罔顧法理的殺手鐧：二〇一三年八月通過九十五號命令，今後的逃跑外勞，將在回國後罰款十二萬至十五萬台幣，罰不到你，還可以罰你的家人或者保人。而之前的逃跑外勞，若不在一定的時間之內自首投案，也要罰。

事實上，越南政府的勞動部門，每年都有「輸出勞力」的目標。這幾年的目標定在八萬人，如果達到目標，開記者會慶祝，如果達不到，等著挨批。所以，當台灣政府以逃跑人數太多、長期禁止越南看護工來台，確實對越南政府造成了壓力，進而通過此一不按牌理出牌的法令，也逼使許多「逃跑外勞」在歲末年終自首投案。從這裡可以看出三點：

第一，移工來台，錢，才是重中之重。之前一堆民族主義的民意代表把移工（尤其是「逃跑外勞」）描繪成多麼殺人不眨眼，其實都是自己喊爽、騙版面騙選票。移工來台，爲的就是賺錢，罰錢是他們最怕的，犯罪是他們最不想做的。如果他們有膽子犯罪或者善於犯罪，學學民意代表在家鄉魚肉鄉民，豈不容易許多？

第二，台灣的確相對法治。常常看電視，就會學到「比例原則」這個詞。簡單來說，就是犯了多大的罪，就採取多大的懲罰，符合比例。移工「逃跑」是怎樣的滔天大罪，要罰十二萬至十五萬台幣？移工月領一萬九千零四十七元（二〇一三年基本工資），這是六到八倍的罰款呢！「逃跑外勞」低調打工，罰款竟然與危及他人性命的酒醉駕車不相上下。而相較於越南當地公務員最低薪資，台幣十五萬的罰款幾乎高達一百倍！完全是不成比例的喪心病狂！

第三，台越兩國沆瀣一氣，治標不治本。移工逃跑的根本原因，在於不合理的仲介制度、不透明的勞動條件，但是政府和仲介總不覺得自己有問題，反而把責任一概推到個別移工身上：指責移工逃跑是受到高薪誘惑（誰不是呢？），說移工逃跑是受到同鄉的慫恿（這就像父母總是說自己的小孩本性善良，都是因爲交了壞朋友）。於是不斷加強查緝、提高罰款、鼓勵告發。結果呢？當然無濟於事，而且越逃越多：從一九九四年的五九二二人，到二〇〇四年的一二〇六二人、二〇一〇年的三二〇六〇人、二〇一二年的四萬零五人。無奈呀！不論是社會主義的越南，還是資本主義的台灣，一樣都是官商共同體。

看見台灣，看見良心

統計至二〇一三年，在台灣的「逃跑外勞」總數已經突破四萬人，而全部的東南亞移工也不過四十七萬多人，幾乎是來十個外勞就逃一個。

想想看，如果一個學校裡十分之一的學生都逃學，一個公司裡十分之一的員工都曠職，那麼，是這些學生和職員個個天性頑劣，還是學校和公司本身有問題？如果十分之一的移工都成了「逃跑外勞」，是不是制度出了問題？

當然是。

我認爲，現行仲介制度的資訊不流通、容錯範圍低，導致移工若遇到不合意的工作和雇主，只能以「逃跑」來自力救濟。例如，來台之前以爲加班很多，可以賺到更多的錢，結果沒有；例如，來台之前以爲只要照顧一個病人，結果除了照顧病人之外，還要張羅一大家子人吃穿起居，每天只睡三、四個小時。政府和仲介都撒手不管，揹了一屁股債來台打工的你要怎麼辦？只能逃了。（同樣的，雇主遇到不合意的移工，除了狠心辭退之外，也沒太多其他選擇。）

前幾天在「角落有光」影展中，看到由感恩基金會贊助、優質新聞發展協會給予肯定的紀錄片「可愛陌生人」。製片蔡崇隆和導演阮金紅上山下海，如實記錄了幾位越南籍「逃跑外勞」的處境。他們因爲原本的工作不如意，所以自行「跳槽」，然後一邊提心吊膽躲警察，一邊繼續爲台灣人工作。

我想到齊柏林導演的空拍紀錄片「看見台灣」。在「看見台灣」裡，拍了許多山坡上、農地裡戴著斗笠低頭工作的人，那時我就想，這些沒有機會面對鏡頭的人，一定有很多很多是所謂的「逃跑外勞」吧！「可愛陌生人」這部片，以搖晃的手持鏡頭見證了我的推測。這些人，也是人，和我們一樣都在台灣這片土地上打拚，甚至更辛苦。不過他們，不見天日。

要眞的看見台灣，能不看見這些被兩國政商制度夾殺的他們嗎？如果我們假裝視而不見，不僅默許了這個政商勾結的「抓逃大聯盟」，我們自己的心，也會越來越堅硬冷酷。

【後記】

替紀錄片「看見台灣」旁白的吳念眞，曾經主持過一個電視節目「可愛陌生人」。更早的歌星白嘉莉和鳳飛飛，也曾經唱過一首〈可愛的陌生人〉：

人間有溫情　人間有愛心
你對他有眞意　他對你有眞情
一片片土覆身　一陣陣笑盈盈
讓我們舉杯高歌　人生的花多芳清
雲和月總是不分離　你眞能一個人
快去吧　找尋可愛的陌生人

紀錄片「可愛陌生人」的導演阮金紅來自越南，問她爲什麼取這個片名，她說：「（逃跑外勞）他們很可愛，但台灣人對他們很陌生。」

連菲律賓都騎在台灣人頭上？

二〇一三年五月，菲律賓官方人員開槍殺了在爭議海域捕魚的台灣漁民，台灣政府嚴詞要求菲律賓道歉、懲凶、賠償，民間群情激憤，罵菲律賓是「爛國家」，要求遣返在台灣的數萬名菲律賓移工，甚至揚言開戰。有行動力的網友則直接「鍵盤開戰」，要癱瘓菲律賓網路，逼使菲律賓對台灣正式道歉，賠償受害家屬。

國家之間有衝突，外交途徑若是解決不了，戰爭本來就是手段之一。我們若是理直氣壯，要以牙還牙，也沒什麼不可以。不過，台灣人對自己的軍隊沒什麼信心，名嘴黃創夏寫了一篇名為「連菲律賓都騎在台灣頭上」❶的文章，把海軍臭罵了一頓。

那個有「很多叫瑪莉亞的傭人」的國家

我相信不止黃創夏一個人這樣想，那些脫口而出罵菲律賓是「爛國家」的、那些想拿躲著也中槍的菲律賓移工開刀的台灣人，心裡可能也是憤怒地想：竟然，連菲律賓都騎在台灣頭上了！

事實擺在眼前，說「菲律賓騎在台灣頭上」，不為過。但，為什麼是：「連」菲律賓「都」騎在台灣頭上？是說，如果別的國家騎在台灣頭上，我們鼻子摸摸吞忍一下就算了，但是，菲律賓不可以？

為什麼？如果別的國家可以，為什麼菲律賓不可以？哪些國家可以、哪些國家不可以？我們（台灣）的判準究竟是什麼？

其實我們都心知肚明。

網路上流傳著一張「台灣人的世界觀」的搞笑地圖。在中南半島的位置，

❶文見 http://blog.udn.com/karl6406/7604876

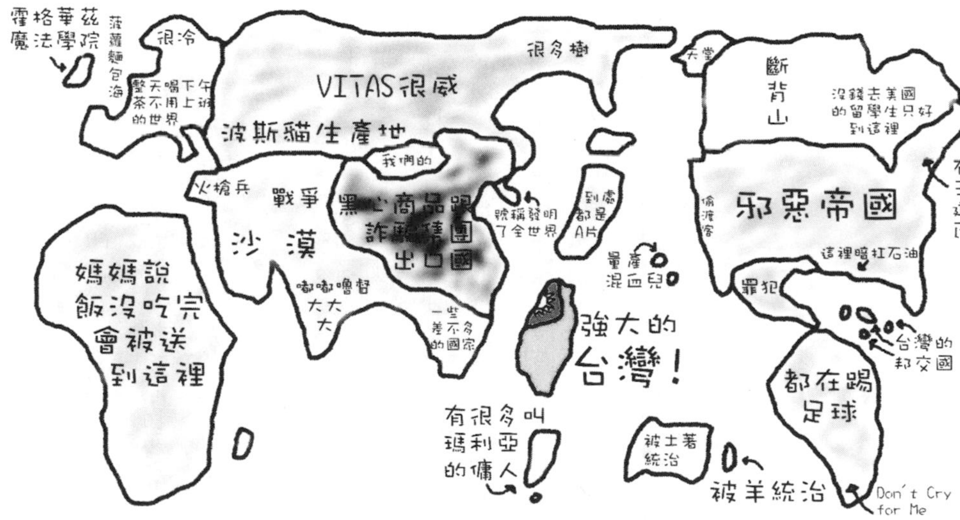

「台灣人的世界觀」

出處：放泥就可 onefunnyjoke.com

寫著「一些差不多的國家」，在菲律賓的位置，寫著「有很多叫瑪莉亞的傭人」。雖然是自我解嘲，卻也相當「正確」：正確表達了台灣人對東南亞不經意的漠視、不自覺的歧視。如今，「連」被台灣歧視、漠視的菲律賓，「都」騎在我們頭上，是可忍孰不可忍！

不卑不亢，台灣人能做到嗎？

我同意，這次菲律賓很過分，台灣要以各種手段討回公道。但是，不論採取什麼動作，要注意的是：一，不要遷怒無辜者，包括跨海工作的移工（其實，要是沒了這些跨國移工，最慘的恐怕是台灣雇主），以及在菲律賓的眾多台灣人。二，事件平息之後，想想為什麼對於和菲律賓的衝突，要用「連……都……」這樣的造句。這和菲律賓沒有關係，而是和我們自己有關係：我們要成為什麼樣的人，什麼樣的台灣？

希望我們台灣，不要見到歐美日韓就自動矮一截，但在面對第三世界時卻頤指氣使。希望我們台灣，多元包容、心胸開闊，對待老外和外勞時，一樣不卑不亢，一樣有人情味，誰都不該騎在誰的頭上。

眞假便當文，菲勞歧視風波

這是一個千古難題。

當一個人說：「我所說的都是謊言。」此人敘述究竟是眞？是假？如果此人所言爲眞，那麼，既然他「所說的都是謊言」，這句話理當也是謊言；但，如果這句話確實是謊言，又意味他說了眞話，並非「都是謊言」。

一則臉書po文引發的風波

中午去買便當，我遇到了一件令我不得不伸張正義的事……

話說我到了一家自助餐店，就在剛要進門時，有個男人小小聲的叫住了我

男子：小姐，不好意思，我是菲律賓人，我想要買便當，妳可以幫我嗎？

我：買便當?!你怎麼不自己進去買呢？

男子：我剛進去過了，老闆見我一開口就不肯賣我，店裡的客人又都在看新聞，大家就叫我走（越說頭越低）。

我一聽，馬上二話不說的答應了他！

一進門，老闆似乎看到我在門口跟那位先生的交談，他邊夾便當邊回我：「小姐，妳如果是幫外面那個『菲狗』買便當，我可是不賣給妳哦！……」

二〇一三年五月九日的廣大興號事件（菲律賓海警射殺台灣漁民），導致台菲關係緊張，並由此湧起仇菲情緒。不久後，網路上陸續出現三位台灣人的三篇「便當文」，以第一人稱描述便當店老闆對於菲律賓移工的不友善行爲。上面的臉書po文者董小姐，在臉書上謊稱台灣的便當店歧視菲律賓人，經網友轉載後，引起台灣與菲律賓新聞媒體的大肆報導。

便當文激起眾怒，媒體窮追不捨，警方介入調查。事件延燒一週，與我同一報系的鄭姓記者、董小姐、潘姓研究生三位作者在龐大壓力下，陸續表示故事是「聽來的」，之所以用第一人稱書寫，爲的是增加眞實性，意在提醒國人不要遷怒在台菲人。

「便當文」的眞假，看似已有定論。然而，若三人先前說的是謊言（說法一），如何確信他們後來所言爲眞（說法二）？更怪的是，爲什麼我們願意相信後者？證據爲何？不論前者後者，僅有的證據，不都是三人的一面之詞嗎？這份「相信」，頗值得探究。

不相信第一種說法者，理由主要是「便當文」情節不合理。例如，老闆如何辨認來客是菲律賓人（鄭文）；例如，菲律賓移工爲什麼要在店外徘徊一小時，卻不去別家店買便當（董文、潘文）。這樣的質疑的確有道理，但也僅止於質疑，難以藉此斷定「便當文」爲假。是以，質疑者不斷要求發文者提供便當店的具體位置。

現在多數人相信第二種說法，即三位作者造假。只是，第二種說法的來源，正是先前欺騙大家的同樣三個人，爲什麼值得相信呢？是因爲「劇情」比較合理嗎？三個人分別聽到了類似的故事，或者三人互相抄襲，不約而同地在臉書以第一人稱書寫。其實，也頗離奇。

我是屬於一開始就相信第一種說法的人。理由之一，因爲對於長期從事移民移工事務的我（們）來說，這根本不是「新聞」❶，台菲關係緊綳之際，便當店拒賣菲人，不足爲奇❷。同時，因爲不算「新聞」，所以我所屬的媒體「立報」、「四方報」，自始未即處理「便當文」相關訊息。所以，若以此事指責「立報」、「四方報」製作「假新聞」，並不能成立，甚至涉及誣告或誹謗。

我相信的理由之二是，我和鄭姓記者是報系同事，他具體表示此事爲眞，甚至在發文三

---

❶此類事件，可參見中視新聞：「隨機追打外勞，學生po網不知觸法」。

❷在廣大興號案之後，此類事件不勝枚舉，如以下新聞報導。年代新聞：民衆燒菲律賓國旗要求宣戰；自由時報：「菲」常野蠻，校園跑馬燈機會教育；華視新聞：反菲太激情！菲籍媳婦被砸石頭等等。

天後讓我見到了假冒的「便當店老闆」。事後來看，我當然是判斷失準，被騙了，不過當事件還在進行時，我認爲我的「相信」，也不是完全沒有根據。

現在，我則是兩種說法都不相信了。因爲我從鄭姓記者口中得到的兩種說法，至少其一爲假，不可能同時爲眞（不可能同時「有」便當店事件，又「沒有」便當店事件）。甚至，兩種說法都可能是假的。

無論如何，我唯一的消息管道「翻供」了，我原本的「相信」已無基礎，肯定錯了。也要再次對於「因爲我而相信便當文爲眞」的朋友衷心致歉。

言論自由，保障了誰？

「便當文」的眞假之爭落幕（落幕了嗎？），留下一個極爲嚴肅的後續，即言論自由。從鄭姓記者在臉書張貼文章、到他承認文章造假，我替他背書的前後一個禮拜中，有部分的質疑，的確很有道理，我盡量在能力所及的範圍予以回應。而其他媒體的苦苦追問，我也站在同業的立場予以同情，因爲追在他們背後的，其實就是不信此事的民眾與收視率的壓力。但是，我對於最後警方介入調查，以「社會秩序維護法」法辦三位作者，則期期以爲不可。

若放在一般網路言論的脈絡，「便當文」的眞假，絕非重要議題，畢竟網路上的奇思亂想不勝枚舉。而發文者的動機，不論是意在提醒國人，勿因兩國衝突而對在台菲人惡言相向，或者是愛慕虛榮，想藉此讓自己的臉書多一點讚，其實也都算不上是大罪。

儘管如此，三篇「便當文」的確掀起軒然大波。理由何在？造謠當然不對，但是「禁止造謠」的權限在哪裡，卻必須謹慎斟酌。若是以造謠來牟利或侵害他人權益，當然該禁止、該處罰。但是以「便當文」爲例，「造謠者」並未出示眞名，亦無法從事件中獲得具體利益（得到的「讚」和轉貼可以變現嗎？）。而被模糊指涉的「便當店老闆」，因爲沒有具體人事時地，也無法據以指控作者意欲加害某特定人物。

至於「傷害國家形象」云云，更是欲加之罪。一個國家只有一種形象，原本就很虛妄，台灣兩千三百萬人口，有兩千三百萬個面貌。而台灣對待外籍幫傭向來友善嗎？在引進移民移工這二十年來，眾多「傷害國家形象」的具體事件，難道不算數？顯然未必。近年「破壞台灣國際形象」最著名的事件，絕對是遭到美國ＦＢＩ指控虐待菲籍幫傭的外交官劉姍姍❸。「便當文」中虛構的不友善老闆，至少還沒有將語言暴力化諸行爲。

當然，兩案時機不同。在台菲兩國交惡之際，台灣人說自己人的壞話，儘管立意良善，

❸二〇一一年十一月十一日，中華民國駐美國密蘇里州堪薩斯台北經濟文化辦事處處長劉姍姍被美方指控虐待其菲籍家庭幫傭，遭美國聯邦調查局上銬、逮捕、拘留，翌年遣返回國。

也難以獲得情緒激憤的大眾認同。所以，與其說便當文之罪是「破壞台灣的國際形象」，不如說是「傷害台灣人的感情」，斫傷了台灣近年來引以為傲的友善與人情味。

若今天我們同意，國家機器可以在「便當文」沒有具體傷害他人的情況之下，將便當文作者定罪。之後，若國家機器再以「莫須有」的罪名將他人定罪，將批評時政的學者定罪，將借古諷今的詩人定罪，將天馬行空的網友定罪，我們還有反對的正當性嗎？而台灣也就永遠不可能擁有「勇於自我反省、崇尚言論自由」的國際形象了。

在警方介入偵辦後，三名「便當文」作者皆承認此事為偽造，向社會道歉，並遭移送法辦。不過除了鄭姓記者以及假扮便當店老闆的友人，各被法院依違反「社會秩序維護法」裁罰六千元與三千元，另外兩位「便當文」作者皆無罪不罰。案子落幕了，但是我們都該想想：「便當文」是假的，歧視與仇視也是假的嗎？為什麼寧願相信台灣有造謠之人，卻不願意相信有拒賣便當給菲律賓人的老闆？指控便當文為假之外，還有沒有想指控其他的什麼？或者，其實是想否認什麼？是想否認台灣真有歧視嗎？

人性之中，善惡交雜。人性中的惡，包括推諉卸責、愛慕虛榮、欺善怕惡，包括貪財好色、歧視，都是真的。我認為，我們應該先承認有這樣的人性，然後，才能學著如何監督自己、節制這種會傷害他人的人性。個人、媒體、國家機器，皆是如此。

爭搶南海主權，台灣該有的立場

明紅一臉倦容。她說，這兩天她說最多的兩個字，就是「抱歉」。

明紅從越南結婚來台，和許多同樣來自越南的移民移工一樣，在電視上看到台商工廠遭到越南暴民放火搶劫，心痛不已。除了替母國同胞的行為不斷道歉之外，一些在台灣的越南姊妹因為此事而被無禮對待，也讓她們惶惶不安。

事出有因，翻滾著政治與經濟的南海

在美國高擎重返亞洲的國際局勢之下，中國二〇一四年五月五日在南海的爭議海域架設鑽油平台，越南兩日內派出船艦激烈回應，一週內擴散成全球越南社群的反中遊行（五月十一日），更於十三日在越南當地升級為劫掠外商的暴力攻擊。

當務之急是制止暴民肆虐。國家之間的衝突，不該由個別平民承擔。無論中、越之間的是非對錯如何，但若一國政府放任民族主義，以迫害他國在本國的生命財產作為反擊，都是低劣可恥的。一如早先中國暴民對日商的打砸搶，以及現在越南暴民對外商和台商的攻擊。

在暴民肆虐後兩日（五月十五日），越南政府終於表態，要嚴懲激進分子並協助企業恢復正常營運，保證「越南政府清楚分辨政治與經濟問題」。

是嗎？如果政治和經濟這麼容易分辨，也就不會有這樣的暴動了。

夾纏了政治與經濟的問題根源，即是越南口中的「東海」，也就是台灣和中國所稱的「南海（南中國海）」。就地理方位來說，誰都沒錯。這一片在中國之南的海域，的確位在越南之東，菲律賓也在最近將該海域改稱「西菲律賓海」。

這片海域對於周邊各國來說，既是政治、軍事議題，也是經濟議題。它不僅孕育了各式各樣的海洋生物，不僅是東亞航運的必經水道，更蘊藏了可觀的海底石油與天然氣可燃冰。台灣、中國、越南、菲律賓、汶萊、馬來西亞等周邊國家，都宣稱對部分的海域及島嶼擁有主權，一方面翻出歷史文獻佐證，一方面也實際占領部分島嶼。爲了避免擦槍走火，東南亞國協與中國在二〇〇二年簽署了「南海各方行爲宣言」，承諾以和平方式解決爭議。遺憾的是，台灣並沒有參與此一宣言，也拒絕承認。

然而此次，在南海議題上失語的台灣，卻成了越南暴民仇中藉口下的替罪羔羊，實在冤枉至極。

默不吭聲，不是辦法

面對民族主義衝腦或者純粹趁火打劫的暴民，保命優先。不用外交部提醒，許多台商早已急中生智，對暴民表示「我是台灣人」、「台灣不是中國」、「不要打錯人」，這是最勉強、最簡單的自救策略。也許在越南的中國人爲了活命，也會高喊「我是台灣人」。據說有些工廠甚至在門口插上越南國旗，門前供奉越南國父胡志明的塑像，不過面對失控的暴民，效果都有限。

除了當場面對暴民的台商台幹之外，隔海乾著急的我們，實在不該提出以「台灣不是中國」、「不要打錯人」作爲護身符的建議。這種說法，難道意指「別打台灣人，但是打中國人OK」？平時主張「台灣中國、一邊一國」沒有關係，但在此時趁亂告白急急與中國切割，有失格調。該反對的是暴力，該反對的，是任何以民族主義爲旗幟的煽動。

兩萬份有失格調且於事無補的「我是台灣人」貼紙，外交部既然已經印了，也罷（如果貼紙可以順利送到台商手上，爲什麼不趕快把台商帶離是非之地？）。其實台灣政府更重要的任務，除了當下積極主動護僑撤僑之外，事後也應以國家之力向越南強硬索賠，並好好想一想，在南海議題上，我們應該採取什麼樣的策略。

理論上，爭議海域也屬於台灣，只不過我們始終只是低調，無能力，抑或無意願介入。其實台灣並非什麼都不能做。南海周邊各國雖然與台灣沒有邦交，但彼此移民移工、商人、留學生往來頻繁，是友不是敵。台灣「擁有」南海主權、卻無意與各國爭奪的姿態，更是一大優勢。

當中國以霸權之姿崛起，台灣若能扮演相對理性且文明的角色，以半官方、半民間的力量主動協調南海爭議，善用數十萬在台灣的東南亞人力資源，爲自身找出小國的外交活路，不失爲一條可行之策。

Part 3
思而行：踏出一步，寬闊了彼此世界

我其實不是爲了「他們」而做，而是爲了我自己。
我希望「他們」過得好，其實是希望我自己更好，
也希望我所安身立命的台灣，更好。

——張正

你有善待家中的外籍幫傭嗎？從洗碗看起

快過年了，尾牙與婚宴是序曲，年夜飯、回娘家、迎財神，是一波波吃不停的大樂章。吃完了，誰洗碗？

在外付帳吃飯，甭管誰洗碗。但在家呢？小時候，有回過年在外婆家，吃完飯，我拿著碗筷進廚房，乍見洗碗槽裡蕩漾著七分滿的油膩液體，堆積如山張牙舞爪的鍋碗瓢盆盤據其中，我一時不知所措，甚至怕被「髒水」濺到。幸虧年輕的阿姨及時出現：「放著就好，待會兒我來洗。」我得救似地拋下碗筷，跑開去玩。

你請的是幫傭，還是看護工？

記憶中，洗碗的總是女性長輩。至於男性長輩，嗯，不宜進廚房，所謂「君子遠庖廚」呀！雖然根本曲解了孟子的本意。

不知何時，我被「女男平等」的觀念洗腦，覺得有理。我不會煮飯，但洗碗還行，那麼自己的國家自己救，自己的碗筷自己洗。一開始還得偷偷摸摸，怕被女性長輩逮到，被她們善意地推出廚房，順便說一句：「男人不能進廚房。」我屢勸不聽，終於奪取了洗碗的權利。不過現在許多台灣家庭，也不再由女人洗碗了。因爲家中多了個角色：外籍幫傭。

外籍幫傭，其實是外籍「幫傭」與「看護工」的含糊統稱。有何差別？若家中有人重病，當然是聘請看護工。若無重病者，則要小孩夠小、長輩夠老，才能聘雇，每月要繳給政府的就業安定基金也比聘雇看護工多三千元。至於薪水，兩者都是一萬五千八百四十元，但工作內容不同。幫傭不用照顧病人，幫的是家務事，看護工則是「看護病人及其衍生家務」。

什麼都做，奇怪不奇怪

或許因爲聘雇「幫傭」門檻太高，也比較貴，所以多數的外籍幫傭其實都是「看護工」。雖然她們絕對不只做「看護」，還外加一堆雜務，例如洗碗。

過年親友齊聚，飽餐後杯盤狼藉，誰收拾？誰洗碗？這算不算「病人及其衍生家務」？一位官員抱怨：「哪個雇主不犯法？」於是，政府裝瞎，加害者裝蒜，受害者繼續洗碗。

假設一萬個台灣讀者看到這篇文章，其中一千人會接觸到外籍看護工。而這一千人之中，一百人眞的在過年時自己洗碗。我賭，百人之中必有一人，將得到外籍看護工回報以眞誠感謝的眼神。這眼神，是千金難買的彩券。祝你中獎！

聖旨到！「承天興運皇帝詔曰」

在一場以越南爲主題的會議上，認識了台商許先生。許先生說，他收藏了一些越南古文獻，邀我去看看。

高高帥帥、說話斯文的許先生，和刻板印象中的台商大不相同，而所謂的越南古文獻，也勾起我的好奇心。他說他在越南待過八年，現在雖然回台灣，但仍鼓勵女兒學越文。許先生讀大學的女兒在一旁點頭說，她的越文老師是「四方報」語言專欄老師阮蓮香。

一個假日，我與妻子雲章，以及一位東南亞專家 Nick 一同前往許先生住處。進門，迎面的是牆上一幅幅裱了框的「文獻」。近看，「敕諭署右軍都統府……」、「右後保參衛陳敘奉……」，盡是寫得秀麗端莊的文言漢字，只是在末尾的大印處，是越南皇帝的年號。我初學越文時，曾驚訝於越文裡「漢越字」的頻繁出現，但是知道越南與中國上千年來亦敵亦友、欲拒還迎的情結之後，也就不難理解了。

許先生家頂樓的和式房間，有更多的寶藏，藏著越南近代幾百年的歷史。他拉開古色古香的五斗櫃抽屜，裡頭整齊疊放著透明塑膠袋，裝了各式各樣的「文獻」。除了一般的宮廷朱批、古籍、符籙，還有一綑一綑黃澄澄的卷軸：聖旨。

風水輪流轉，下一個轉到了……

許先生愼重地攤開聖旨，我們幾個人圍繞在旁，一時有種時空穿越劇的錯覺。以「承天興運皇帝詔曰」爲起始句的越南皇帝聖旨，與熟悉的中國皇帝聖旨「奉天承運皇帝詔曰」略有差異，不過意思相同。而聖旨既然是皇帝的意旨，自然馬虎不得，許先生一一講解聖旨的用語、材質、圖騰紋路，我們聽得一愣一愣。

原來，當年許先生在越南經商時，閒暇時不像某些台商在聲色場所找尋安慰，而是埋首舊書店尋寶，甚至派人四處蒐購。先是抱著投資的心態，然而越蒐集越有興趣、心得，即使現在已經不在越南做生意，但對越南仍有深厚感情，也十分看好越南的發展，還鼓勵寶貝女兒學習越文。

認識許先生這樣的台灣人，讓我更加確信：雖然台灣主流社會並不看重東南亞，但是對於東南亞文化、歷史、人民懷有好奇或情感的台灣人，絕對不在少數。不管是「承天興運」還是「奉天承運」，誰敢說，下一個天運，不會就出現在東南亞呢！

有心，比什麼都珍貴

將心比心很難，設身處地更難，不過，這對子雯同學來說，一點都不成問題。

前一年我在大學兼課，子雯是班上的同學。她講究文字、對書寫有興趣，被我找來報社兼差打工。她接到的第一個任務是跑田野，認識台北大大小小公園裡的東南亞籍看護工，寫點深入的故事回來。沒想到她這一跑，跑成了達人，也眞心和公園裡的看護工成了朋友。而且不只是朋友，還眞的幫上了忙。

有回，公園的一群印尼看護遇上詐騙，詐騙者同爲印尼看護，得手後不知去向。仲介和雇主說，這是你們印尼人自己的事，不願插手。受害看護有的被騙幾千、有的被騙幾萬，欲哭無淚，求助無門。而那幾天，子雯剛好不在台北，等她再次出現在公園，印尼朋友們像是遇到了包青天，一擁而上，攔路喊冤。

其實，警察局和公園就隔著一條街，只是印尼朋友不敢進去。於是十九歲的台灣小女生，生平第一次進了警察局，帶著她的印尼朋友報案、做筆錄，也通知移民署，萬一詐騙者要出境，千萬得攔下。雖然目前還沒抓到人、錢還沒追回來，至少讓受害者多了一點點討回公道的機會。

一日看護工，眞實體驗他們的處境

前兩天，子雯又幫了一位印尼朋友，這次更是扎扎實實。

原來那幾天，這位印尼朋友照顧的老爺爺失智症狀惡化，連續幾個晚上吵鬧不肯睡，甚至想用打火機燒房子。老爺爺不睡，看護也連續幾天不敢闔眼，精神恍惚、瀕臨崩潰。有情有義的子雯看不下去，決定犧牲自己的睡眠，換得朋友一夜安睡。隔天，子雯在臉書上留言：「一天一夜的戰鬥，累癱。」

子雯的義舉，絕不輸行之有年的「飢餓三十」，也很像前些日子幫老人家抬行李的「臨時孫子」，眞是台灣年輕人的驕傲，功德無量！如果，你原本要花一整夜去「夜唱」、「夜衝」，不妨考慮這個更艱難卻也更酷炫的選擇：「夜看」，當一夜的「臨時看護」。一方面，體會一下外籍看護工月薪一萬五千八百四十元的工作有多辛苦，另一方面，也讓絕大多數沒有週休、晚上必須警醒地陪著病人同睡的看護工，有一夜難得的好眠。

越南雙城記，一趟有任務的旅行

執著

大企業家叫年輕人要熱情、要執著，終將成功。佛家要眾生放下執著，說凡一切相皆爲虛妄。

執著，是好是壞不一定，聰明也取巧的說法是「擇善固執」。但，何者爲善何者爲惡，又是另外一大篇了。

我妻子雲章有個「執著」。當大家都趁暑假帶著分不清東南西北的小孩子出國時，她執著地想帶父母去自助旅行。是善是惡我無法判斷。雲章是領導人，我的「執著」是跟隨領導人，奉陪到底。

雲章的爸爸，我的岳父，也有所執著。

岳父大人，粗茶淡飯，省吃儉用，是一位實事求是的黑手知識分子。一世辛苦，換得幾間不豪之宅和滿宅子「無價」的書籍和古董（可能是「無價之寶」，也可能眞的「無價」）。岳父大人的執著，是拒絕配合商業節慶的吃喝玩樂，不屑言過其實的小資旅行。父女兩人的執著，相互牴觸。

終於，機會來了。信佛甚篤的越文老師珊珊，每年都募集物資款項，號召眾人赴越南鄉間布施貧苦人家。雲章以此爲名，邀父母同行。

這不是風雅浪漫的旅行，是肩負任務的一趟行程。「好吧！」岳父大人點頭，岳父岳母加雲章和我和小姨子雲咸，裝了一皮箱準備捐贈的禮物，五人加入珊珊慈善團，行善兼旅遊去了一趟越南。

顛簸

抵達隔天清早，我們和珊珊慈善團在胡志明市區集合，同行的共有二、三十人，滿滿一車，包括兩三位來自台灣的越南外配，其他皆爲越南人。一輛車前掛了紅布條的中型巴士，還有一位穿著正式、國字臉的男性團長，浩浩蕩蕩。

出發前，我沒搞清楚要去同塔省（Đồng Tháp）或同奈省（Đồng Nai）。據說是兩個小時車程。上了車，終於確定。呃，是同塔省，所以怎麼可能兩個小時，單程就足足五個小時呀！車子從簇新的封閉式高速公路轉到一般公路，再轉到大車小車摩托車腳踏車行人牲畜共用的鄉間小路，幾乎要開到柬埔寨邊界。一路顛簸，我扶著坐爛的屁股對珊珊生氣，珊珊說她也沒去過這個點，很抱歉。我則是對同行的岳父岳母深感抱歉，尤其是坐骨神經本來就不舒服的岳父。

捐贈儀式在地方政府的監督下進行，頗彆扭。官員說話、團長說話，婦女孩童在烈日下等待，我們私自帶去的禮物不在清冊上，不准發放。結束後，去高台教的寺廟吃齋飯，雲章得人緣，廟裡的小女孩送她草紮的蚱蜢。

回程，沒直接回胡志明市，還有在另一個省的另一站。司機在夜色中摸索，想找到檳椥省（Bến Tre）的一間寺廟，廟裡有些孤苦無依的小和尚小尼姑。這裡沒有政府官員監督，髮型古意的小和尚小尼姑拿了禮物唱了歌，很開心，我們也很開心。一整天的風塵僕僕，融化在歌聲和笑聲的夜色裡。

不過，原本第二天還要去另外兩間孤兒院，據說車程只要幾十分鐘。喔不喔不，謝了謝了，我們奧少年身體虛，任務到此。另一半禮物還放在旅館，先留著，再看看。

鄉愁

接下來的三天，我們立誓不搭長途車，睡到飽，逛市區。至於「任務」，之後再說。

雲章和我都曾經在胡志明市待過幾個月，以學習越文之名，行深度旅遊之實。而我們幾個月程度的越文，也在這樣的自助旅行（逛街）發揮了極大的效益。

幾個必去的景點，紅教堂（聖母大教堂）、郵政總局、統一宮（獨立宮）、檳城市場、安東市場，帶著首次到越南的岳父岳母小姨子繞了一圈。重中之重，是雲章魂縈夢牽的同起街（Đường Đống Khởi）。這兒是越南精品街，價格公道、服務周到。雲章帶著媽媽和妹妹殺進殺出像在作戰，我負責陪同覺得無趣的岳父大人觀戰。

走在胡志明市的街上，勇敢穿越如多年前一般無號誌亦暢行的車流，以越文加英文與小販店員談笑應答，看著有新有舊的建築，聽著不絕於耳的喇叭聲，心中忽然湧起鄉愁。我問雲章，她也是。是的，鄉愁，或是說重返故鄉的親切感。我和雲章曾經分別在不同的時間，獨自在這個城市晃蕩了三、四個月。

鄉愁，維基百科如此定義：一個人並非身處故鄉並期望返回故鄉，而感覺到的壓力、憂慮或恐懼。這樣說來，我們的鄉愁好像不太對勁、不太一樣。照理說，我們的鄉愁對象應該是台灣、台北，但即使曾經離開台北到越南四個月，也知道歸期，所以並不愁。反倒是越南，曾經獨自在此待過，認識了這裡的街道、氣味、朋友，但因爲不確定什麼時候能再來，又因爲隔了太久才重返，所以格外有感觸。

最妙的是，一天上午，我們回到從前客居越南時的住處探訪，見到巷口的摩托車司機、房東太太、路邊攤大姊（她已經不擺路邊攤、而靠著自修日文成爲日文老師了！）。回到學越文的人文大學，見到當年的栞老師成了現在的系主任，見到當年和雲章一起學越文的韓國大叔（他還在繼續學），我們驚喜，他們也驚喜，語言有限，但是開心的感覺發自心底，奉上小禮物聊表心意。

連續三晚，我和雲章吃旅館附近同一攤路邊海鮮熱炒，那是我第一次來越南時吃的海產店，也是雲章第一次來越南時，我帶她去吃的海產店。三個晚上，我們都點生力麵炒麵、烤蝦、香茅蛤蜊湯，以及一定要配大塊冰塊大口喝的西貢啤酒。連吃三晚，吃到服務生酷酷地側目（你們這兩個外國人是怎樣，有這麼好吃嗎？）。我們微笑以對。

他不知道，我們很想念這樣的滋味。

我的鄉愁恐怕是爲賦新詞強說愁，不過飄洋過海到越南的華人，他們的愁，應該就眞眞切切了。

越南航空促銷國內機票，只要買國際機票、就送國內機票。我們一行五人告別胡志明市，用免費的機票飛抵從未來過的中越，目的地是古城會安（Hội An）。

離開胡志明市前，下榻旅館的老闆娘很貼心也很會做生意，替我們聯繫了會安當地的合作司機、連鎖旅館，一出峴港（Đà Nẵng）機場，就看到司機先生拿著寫了我的越文名字牌子等著。

相對車水馬龍的胡志明市，峴港的車好少、街道好寬！司機先生不疾不徐慢慢開，我坐在前座，一邊翻地圖確定方位，一邊和司機有說有笑雞同鴨講。到了會安預定的旅店，才發現這裡離會安市區太遠了。沒下車，請司機繼續開，我們要住在古城邊，走路可到的距離。司機笑一笑，繼續前進。三、五分鐘後，依街景和招牌判斷，我們到了在古城邊的旅館密集區，請司機在一間古色古香的中國式飯店前把我們放下。一問，一間房竟然要價四十美元，太貴了！飯店櫃台不挽留，我們把行李拖出來，先在對面的小餐廳吃飯歇腳，反正時間還早。

吃了午飯，我們決定沿街詢價，另尋住處。這裡一間比鄰著一間小旅館，總有落腳處吧！但是我們錯了，竟然間間客滿，全是背包客的天下，一間不留。唯一有房間的旅館，據說在兩、三分鐘的車程之外。兩、三分鐘的車程？我信不過。

繞了一圈，回到古色古香的中式飯店。我們帶著歉意低著頭怯生生重新登門，幸好飯店不記仇，還是一間四十美元沒漲價。

會安的鄉愁，寫在古城的建築上。滿街的中式建築、中式食物、中文字匾額，都是當年來此地營生的華人留下的具體鄉愁。

華人有鄉愁，日本人也有。會安古城區分爲兩塊，一邊是華人區、一邊是日本人區，中間以一座現在看起來仍很堅固的「日本橋」相連。「日本橋」是非正式的稱呼，正式的名字是「來遠橋」。「來到很遠的地方蓋了一座橋」，應該是這個意思吧！

作爲十六、十七世紀的國際大商港，除了華人、日人，會安還有從更遠之處來的印度人、荷蘭人。不過，可能是因爲他們人數太少了，留下的鄉愁我沒看到。

海城會安

會安也許不再是數百年前的國際大商港，不過，曲折的歷史機緣，卻讓世界各國各色人等，以別的理由重新回到她的懷抱。

因爲古舊的建築街道原貌保存（沒有錢更新？），會安古城在一九九九年被聯合國教科文組織宣布爲世界遺產，配合越南開放賺外匯，吸引了包括我們一行五人在內的超大量國際觀光客。古城內，所有的門面都是販賣文化商品的店家、販賣在地餐飲的餐廳、販賣古色古香的廟宇會館，所有的外國人都是觀光客，所有的本地人都在招攬生意，像個大型的平面露天的百貨公司，也像模糊印象中的中影電影文化城。

在這座電影城裡連逛三天，走完了所有的街廓，各取所需買了商品，甚至認識了整天肩著扁擔、嘴裡生澀地說著中文「香蕉，好吃」的賣香蕉大姊。她說她爲了供小孩讀書，不得不每天挑著扁擔賣香蕉。小孩多大了？讀大學了。我們在胡志明市沒送完的禮物和「四方報」，送了一些給她，她和其他挑著香蕉扁擔的大姊們，吃驚地看著「四方報」。

值得一提的，是由一位澳洲女士Karen Leonard在會安成立的「Life Start」基金會❶。基金會在古城邊有個小店面，店裡賣的，都是由當地殘障人士做的產品。我們參觀時，進進出出的都是掛著笑容的越南身障人士，一位口操英語的西方面孔大姊，對我們解釋基金會的運作。

基金會號召以澳洲爲主的志工到會安。若你有醫療復健專業，那就來協助殘障人士復健；若你有一技兩技三技之長，那就來教身障人士製作手工藝品。如果你沒有專業只有愛心，就來當志工顧店，不過也得承諾最短一個月的時間。我們什麼都沒有，有一點現金，就來買東西，也把之前沒送完的禮物一併送給基金會，換來誠懇的感謝。

店門口，一位腳不方便的年輕男生在越南斗笠上作畫。他神情專注，手握毛筆沾黑墨，

---

❶ http://www.lifestartfoundation.org.au/，臉書：https://www.facebook.com/TheLifestartFoundation)

在不平整的斗笠上畫竹影搖曳、月下孤舟，頗有風味。除了畫，他也在斗笠上「畫」中文字：福、安、和、愛。我想捧場買兩頂，可是又不希望帽子上是那些字。靈機一動，可以請他寫「四方」的中文和越文呀！

圓形斗笠分四面，對稱的兩面是竹影搖曳和月下孤舟，另外兩面是「四方」的中文和越文。越文的「四方」不是問題：Bốn 是四，Phương 是方，他會。但是中文的「四方」二字，雖然我們覺得筆畫簡單，但是對他來說卻是兩張圖！我先用原子筆寫給他看，但是字太小，他一臉困惑，我索性拿了他的毛筆寫得大大的。OK！

他問我要幾頂，我說你畫幾頂我就買幾頂。他老實地估計了一下，一個下午大概可以畫四頂。於是，我在辭去「四方報」總編輯之後，有了四頂全球獨一無二的「Life Start 四方斗笠」。

這個店面的地址是 Phan chu trinh 街七十七號，在會安古城的外緣街邊。如果你來會安，請有錢捧個錢場，有人捧個人場。

另一次旅行的開始

回台灣之後一個多月，才回頭來寫這趟旅行，感覺是好久好久以前的事。

雖然說這趟旅行「有任務」，其實只是個幌子，不過就是找個理由出遊罷了。而出遊是必要的，換換空氣，面對不同的人事物，激活一下腦袋與身體。

對於成年子女來說，最難相處的人就是自己的父母。不過對父母來說，又何嘗不是？我相信絕大多數的父母，都很難接受當年路都走不穩的小男孩小女孩，如今已經長大成人，有了自己的執著，不再那麼聽話了。

我們一行五人，興趣各異，五人一起「自助」，難免牽牽絆絆磕磕碰碰。而且這趟旅行遠不如一般行程舒適安逸，當下可能又熱又餓又累，不免抱怨幹嘛來活受罪。

不過，不同的組合，有不同的樂趣，也因爲與不同的人同行，看到了不同的人事物。回家之後，回味無窮，開始商量下次要去哪兒。

爲愛朗讀，聽聽他們說悅耳的母語

既然跑步可以跑馬拉松，那麼，朗讀是不是也可以來個馬拉松呢？除了朗讀中文之外，你還可以朗讀哪一種語言？

四月二十三日，是聯合國教科文組織訂定的「世界書香日」。世新大學連續幾年，都選在這天舉辦「爲愛朗讀」的活動，號召校內校外師生齊聚一堂，接力朗讀十二小時。

「四方報」的東南亞編譯連續參加了兩年，身著鮮豔的傳統服裝，以母語朗讀文章，頗獲好評。今年，我們決定顚倒一下，朗讀「非母語」。報社志工與同仁湊一湊，幾乎囊括了所有的東亞語言：越文、泰文、印尼文、馬來文、緬甸文、菲律賓文、柬埔寨文、蒙古文、韓文，其中也包括「四方報」越南籍主編阮舒婷朗讀閩南語。

前幾天大家開會練習，台灣籍同仁戰戰兢兢地拿著小抄朗讀外文作品，雖然台下聽眾多半霧煞煞，但是偷瞄一下聽得懂的東南亞編譯，看看他們哭笑不得的扭曲五官，可以猜到，念得不太標準，肯定怪腔怪調。會後檢討，台灣同仁大呼緊張，泰國籍的巧儂笑著說：「這下，你們知道我們當初的辛苦了吧！」

該慶幸我們的國語是中文

幾年前，遇到一位剛剛娶了越南太太的台灣男生，他皺著眉頭對我說：「你要告訴我老婆，叫她趕快學好中文，才能跟我溝通。」

「那你怎麼不學越南文呢？」

「越南文很難呀！」

「難道中文很容易嗎？」

姑且不論這位先生是不是「嚴以律人、寬以待己」，但是中文絕對不是一個容易學的語言，在眾多「最難語言」的評比裡，中文總是名列前茅。對於不是在中文母語環境長大的人來說，要理解中文的同音不同字、同字不同音，要明白每個字都是一張圖畫的漢字，實在難如登天。中文有多難？就像我們常把聽不懂、看不懂的語言文字形容爲「天書」，希臘人（希臘語是公認難度很高的語言）在聽不懂對方說啥時，中文就躺著中槍了：「Αυτά μου φαίνονται κινέζικα.」（意思是：聽起來就像中文似的）。

中文那麼難，所以，當外籍朋友能夠以流暢的中文（甚至閩南語、客家話）和我們對談的時候，其實都應該由衷佩服。如果眞心想要和身邊的東南亞籍朋友溝通，至少學一句她／他們的「你好」、「謝謝」囉！

唱四方，在島嶼唱歌

每個禮拜天，我和「四方報」越文主編阮舒婷在中廣主持現場越語廣播。內容除了新聞與訪問之外，最紅的單元，是最後二十分鐘的 call in。我們依據時事設計 call in 主題，有地震時談地震，媽祖繞境時談台越兩地的廟會文化，于美人出事時，談男女平等。

老實說，設計 call in 主題有點多餘。因爲這個單元的片頭音樂結束之後，不需要公布 call in 電話號碼，聽眾就撥電話進來了。還來不及問她或他有啥意見，越南聽眾就會說：「我要唱歌！」

你唱我和，其樂融融

沒有配樂，清唱，送給家人或朋友。歌聲通常不壞，有的唱流行歌曲，有的唱越南民謠，也有人唱自創詞曲，甚至請朋友在一旁彈吉他配樂。

有次，一位聽眾唱歌忘了詞，下一通打電話進來的聽眾自告奮勇替他接力。還有一次，一個男生打電話進來唱了一首歌，送給一位前陣子遇到的女孩，女孩接著打電話進來，回送了一首，超感人。

在台灣的東南亞移民移工，並非毫無公開唱歌的機會。除了假日人滿為患的東南亞卡拉OK小店，各縣市舉辦的東南亞活動中，她/他們都有機會一展歌喉。先前移民署還辦了更進步的母語歌謠大賽，讓東南亞母親帶著孩子上台對唱母語歌曲。

只是，現場活動畢竟僅是一時一地的歌聲，但廣播不一樣。歌聲乘著電波，傳送給想像中不特定的更多人聽到，而透過廣播聽到母語歌曲的異鄉人，是不是也同時想像著，有不特定的許多人和自己一樣，正在聽。唱好唱壞無所謂，五音不全更有特色，就像call in到賣藥電台唱老歌的台灣大叔大嬸，開心就好。重點是，「我們正在一起聽」，有點「千里共嬋娟」的味道。

母語刊物讓異鄉人「一起看」，母語廣播讓異鄉人「一起聽」。如果要讓他們一起「邊看邊聽」，該怎麼做？答案是電視。

聽見我們的歌聲，給同在異鄉的你

幾個禮拜以來，我和妻子雲章、加上懂電視的瑞希、懂攝影錄製的辣四喜團隊，反覆討論爭辯，這個電視節目的形象越來越清楚：

因爲移民移工來攝影棚不方便，所以我們主動出擊，在街頭錄影。因爲在街頭錄影有場地的問題，所以乾脆不要場地，我們扛著攝影機，機動找歌手。因爲東南亞歌曲的版權很麻煩，所以乾脆清唱。然後，錄起來，找個頻道每週定期播出。

我們已經上街錄了兩次，正在後製剪輯。這樣的節目有品質可言嗎？不重要，只要能在電視播出，就是零與一的差別，這是東南亞移民移工的「現身」，像個儀式。屆時，異鄉人在島嶼的歌聲將傳送四方，而散居島嶼四方的異鄉人，也將透過電視，千里共嬋娟。

如果在冬季，一個漁工

在台灣的東南亞移工之中，一般人平常最少接觸到的，莫過於漁工。他們在異鄉的船上漂呀漂，勞動強度高，活動空間狹隘，家鄉遙遠。

曾經有一則新聞，說海巡署救起一位落海的印尼漁工，問他為什麼掉到海裡。印尼漁工說，因為太想家，想要游回去。

海巡隊員又好氣又好笑，說：「你以為你是海豚呀！」

是怎樣的想念，會誤把自己當成海豚，以為朝著家鄉的方向一直游一直游，就會到家？我無法想像。

台東成功漁港

第一次近距離接觸東南亞漁工，是在台東成功漁港。

「四方報」菲律賓版主編 Asuka，先前在台東成功漁港的海巡哨所當兵，整天穿著橘色的制服。我們出差到台東，Asuka 算準時間，興致勃勃地領著大家到港邊看漁船卸貨。碼頭上一堆又一堆各式各樣的魚，甚是壯觀，賣魚的人和買魚的人穿梭其間，亂中有序。

名副其實踮著腳走路，我們小心翼翼不要踩到魚堆，湊近一艘正在卸貨的漁船。甲板上，有個約略一公尺見方的方形口，通往儲魚船艙，一位膚色黝黑的外籍漁工站在船艙裡。彎下腰，看不見人，站起身，他舉起一尾一尾凍僵堅硬的魚，遞給甲板上的外籍漁工。甲板上的外籍漁工接過魚來，或輕放或甩拋在碼頭上。碼頭上另有一位外籍漁工，把不同的魚或雙手捧著，或拖著拉著，堆成不同的魚堆。

哪些魚可以像丟垃圾一樣用拋的甩的，哪些魚必須像捧著嬰兒一般輕放，我分不出來，應該是依據市場價格吧。外籍漁工有時也會搞錯，把高價魚使勁拋上碼頭，站在一旁監督的台灣船主立即大聲斥罵：「摔壞了你賠不起！」

卸魚結束，我們拿著印尼文版和菲律賓文版的「四方報」，問漁工是哪一國人，報紙送你。他們好奇地接過報紙，發現是他看得懂的母國文字，幾個人圍著在報紙上指指點點。

繞到海巡署位在港邊的哨所，發現還有 Asuka 當年的同袍。我們把剩下的「四方報」交給海巡弟兄，請他們轉送給其他漁工。「沒問題，爲民服務！」海巡弟兄爽快答應。回到台北之後，我請 Asuka 寫了一個計畫，希望海巡署大量購報，分送各港口海巡哨所，再轉交分布在台灣各港口的九千多名外籍漁工。不過這份計畫書石沉大海，沒有回應。

瑞芳深澳漁港

這個秋天，我再次與外籍漁工近身接觸。

我和妻子雲章，以及岳父岳母小姨子一行五人，趁著假日到東北海岸遊玩。傍晚時分，到了瑞芳的深澳漁港，準備吃秋天的螃蟹。

秋高氣爽，港邊的風很溫柔，漁船靜靜地停泊在港內，一群外籍漁工在船邊的堤防上嬉鬧。這次，我身上沒帶「四方報」，不過我有「新玩具」：每週在電視上播出的東南亞語歌唱節目「唱四方」。而且，我一直很想錄一集外籍漁工的「唱四方」。

走上前去，先問問是哪一國的漁工。印尼的。我想要接著解釋，才警覺學了兩個月的印尼文，現在只記得「你好 Apa Kabar」、「不客氣 Sama-sama」、「謝謝 Terima Kasih」，該怎麼說明「唱四方」呢！

只好比手劃腳了！我掏出智慧型手機，播放 Youtube 上的「唱四方」，一手握起拳頭假裝是麥克風，一手指著他們：「你們唱歌，我錄影，在電視上。」

七、八位印尼漁工好奇地圍上來，看到手機裡播放著先前的印尼歌錄影，開心地笑了：「喔，OK！OK！唱歌。」

「沒錯沒錯！那，你們每天什麼時候休息？都是這個時間休息嗎？」

「『明天』什麼時候休息？」一位漁工歪著頭重複我的話。

「不是，是『每天』什麼時候休息？我們要來錄影，錄你們唱歌。」

漁工還是聽不懂。連「每天」這個詞都無法順利傳達，遑論「錄影」。我有點氣餒。

「你們的台灣老闆在嗎？」

「老闆不在～～」

語言不通，溝通卡住了。我得確定他們什麼時候休息，才能通知攝影團隊出機錄影。不甘心。不然，現在就先錄吧！

我拿起手機，示意他們唱歌，當場錄影。印尼漁工懂了我的意思，一群大男生害羞起來，彼此推託。終於，一位眼神裡透著聰明的小個子男生勇敢出列，對著我的手機開始唱。小個子手舞足蹈、唱作俱佳，其他人在旁邊笑得彎了腰。唱完，他指揮其他人圍成合唱隊形，自己站到前面當指揮，大夥兒搭著肩，一起合唱印尼國歌。我和雲章分別拿著手機，「雙機」錄影。

很好！用手機播放剛才的錄影給他們看，大夥兒聚上來。看到自己的聲音和影像出現在螢幕上，有點靦腆，又忍不住不看，然後笑自己或笑別人。

我總算想到辦法。請小個子給我手機號碼，再馬上打電話給「唱四方」的印尼主持人安妮，請安妮打電話給小個子，用印尼語溝通，約正式錄影的日子。

台東富岡漁港

不過，還沒約好去深澳漁港錄影，卻先去了台東富岡漁港。

透過熟識的台東移民署服務站 Peter 兄，「唱四方」團隊到了台東錄影。Peter 的同事 Gordon，剛好認識富岡漁港的船東。透過這位船東的介紹，我們一行六人：Gordon，負責主持與企畫的我和雅婷，辣四喜影像工作室的小剛、振宇和芷稜，興沖沖地到了港邊。

中午剛過，漁港懶洋洋的，沒什麼人。碼頭上，兩三位外籍漁工正在整理漁網。「唱歌嗎？電視台來錄影唷！」Gordon 中英文夾雜地幫我們拉客。但是，不知是不是因爲他穿著移民署的制服，或者是我們扛著攝影機太嚇人，漁工們避之唯恐不及，不肯就是不肯。

不過，因爲有移民署的「長官」帶隊，我的膽子也比較大。瞄到一位落單的漁工正蹲在船上煮飯，我決定登船勸說。

那艘船和碼頭之間還並排著另一艘船，受到颱風外圍環流影響，港內有些風浪。船隻雖然並排綁著，仍起起伏伏，船和船之間的間隔忽遠忽近。我低頭看了看海水，盤算著腳要踩哪裡、手要抓哪裡，鼓起勇氣，一躍登船。

幸虧這位漁工來自菲律賓，可以用簡單的英文交談。我說明來意，然後拿出手機，播放Youtube上的「唱四方」。

「Sing in Tagalog? OK!」雖然菲律賓人的英文都很不錯，但是Tagalog語是菲律賓本土語言，眞的要表達情感，Tagalog比英文好。

談定之後，我趕緊向岸上的攝影團隊招手，大夥兒扛著機器，戰戰兢兢魚貫上船，接好麥克風，確定好背景，漁工開唱。唱完之後，再請他介紹一下這艘船的前前後後，何時出海何時休息，最後對著鏡頭，向家鄉的人說幾句話。

有了第一個人唱，接下來就順利了。從狹小的船艙裡，鑽出另一位剛剛起床的菲律賓漁工（原來他們是晚上出海，白天睡覺），也半推半就地高歌一曲。

另一艘船的船長是阿美族原住民，手下有兩位印尼漁工：「唱啊唱啊！上電視交女朋友唷！」阿美族船長慫恿坐在甲板上補網的印尼漁工，原本害羞的印尼漁工唱完，Gordon貼心地買來一手啤酒。

更多外籍漁工陸續午睡起床，一旁的台灣人也很捧場，鼓勵每個人都高歌一曲。於是一邊喝著啤酒，一邊鼓掌打拍子，印尼漁工唱，唱完菲律賓漁工接著唱，偶爾穿插一兩首國台語歌。

這天的富岡漁港午後，很歡樂。唯一的困擾是，上岸之後，我覺得碼頭一直晃。

海上寒冬，需要你的冬衣

天陰陰的，冬日迫近，你是不是也開始翻出厚重的衣物，或者添購簇新的冬裝，等著第一波寒流來襲。萬一寒流來襲，其實也沒在怕，躲在屋子裡就好了。

不過有人運氣沒這麼好，即使寒流來襲，也得出外工作。例如指揮交通的警察與義交，例如騎車穿梭大街小巷的快遞，例如舉牌賣屋的時薪工人，例如夜黑風高也得捕魚的討海人。其中，覺得最冷的，肯定是來自東南亞的外籍漁工。

他們來自四季如夏的家鄉，頂得住台灣的冬天嗎？尤其在海上。

我雖然一直想接觸東南亞漁工，但是真慚愧，始終沒想到這麼切身的問題。幸好今年有一群好心人，正在替外籍漁工募集冬天衣物。你手邊如果有完好的冬天衣物，可以寄到以下地點：

- **旺來春秋鳳梨酥專賣店**。
  地址：台北市信義區松德路259號1樓。電話：（02）23463718

- **宜蘭縣漁工職業工會**。

地址：宜蘭縣蘇澳鎮南安路75號2樓。電話：（03）9954767

- **屏東縣好好婦女權益發展協會**。

地址：屏東市德豐街106號。電話：（08）7371382

- **台東移民署服務站**。

地址：台東市長沙街59號。電話：（089）361631

外婆橋計畫，送你一個難忘的假期

「外婆橋計畫」徵案：徵求東南亞新住民一位，加上這位新住民的孩子，以及這位孩子的國中或國小老師。三位一體手牽手，進駐東南亞外婆家二十天。出發之前，就會拿到二十萬元的交通食宿補助，也可用來補貼娘家，不必核銷單據。

天底下豈有此等好事？詐騙吧！越南籍新住民阮氏凰和阮氏然，異口同聲地質疑。

在東南亞外婆家過暑假

眞的不是詐騙。「外婆橋計畫」由誠致教育基金會與「立報」、「四方報」在二○一一年共同發起，長榮航空也在二○一三年贊助十張機票，二○一四年爲止，已有包括阮氏凰和阮氏然在內的八組人馬獲得補助，師生手牽手，一起在東南亞外婆家過暑假，留下難忘的回憶，寫下獨一無二的跨文化篇章。

最初只是誠致教育基金會方先生的一片善心，知道有些新住民很久沒有回娘家，有些新住民子女已經忘了外婆的模樣，所以想助一臂之力。但光是出錢送機票，太土豪了！二〇一一年初深夜裡幾封 e-mail 往返，我和方先生、「立報」執行副總廖雲章腦力激盪出這個計畫：把老師這個角色加進去，意義升級！

然而，最初並不順利。要不就是想回娘家的媽媽找不到老師肯陪同，要不就是老師願意參加，但是新住民家庭無法配合，也可能，很多人仍然懷疑這是個騙局。最後多虧興南國小校長李春芳號召，該校老師鄭秀麗響應，學生家長裴氏金鸞的老公支持、老闆准假，才讓計畫不致胎死腹中，進而有了第二屆、第三屆，直到二〇一四年的第四屆。

「立報」及「四方報」做這事不為賺錢，工作人員忙裡忙外，看到師生隊伍又緊張又興奮的模樣，就值得；可能為了賺一點名聲，強化我們好心愛做傻事的名聲。方先生則更徹底，既不為利也不為名，白白出錢成就美事，卻總是謙遜地像此事與他無關。

當然，我們骨子裡還是圖著些什麼。

寓教於玩樂，我們的期望

我們期望新住民的孩子，藉由這趟旅程更認識母親的家鄉，享受外婆家血濃於水的感情，破除對於東南亞的刻板印象。

我們期望新住民媽媽搖身一變，成爲貼身口譯、文化大使，自信地帶領老師與孩子體驗母國的文化，翻轉弱勢標籤，啓動自我培力機制。

我們也期望老師深入了解東南亞，回台後增強多元文化的教學能力；期望老師在他鄉異地嘗到有口難言的苦頭，回台後更能體會新住民初來乍到的心境。

對於這場二十天的文化學習行動，我們的期望其實不少，希望不斷有人來挑戰。

遇見心故鄉，驚豔四方畫展

這天是冬陽和煦的星期六，陳氏桃從台中搭高鐵趕到台北，參加她自己的畫展。畫展地點在台北捷運東區地下街，阿桃一如以往，笑得燦爛。請她對眾人說說圖畫背後的故事，一緊張，中文就不夠用了，換成母語越文，請「四方報」編譯陳明紅代爲翻譯。

這場在農曆新年前開幕的畫展，由民進黨台北市黨部與「四方報」合辦，定名爲「遇見心故鄉」，召開了一場小型記者會。平時問政凶悍的台北市議員莊瑞雄，以民進黨北市黨部主委的身分到場，呼籲市政府規畫符合新移民需求的公共空間，也希望喚起民眾對於東南亞移民移工的重視。

誠懇之作，不專業的塗鴉

兩天之前，阿桃的另一些畫作也在一個特別的場所展出：國民黨中央黨部。名爲「新移民・心印象」的開幕記者會，在國民黨孫中山總理的雕像旁舉行。看著孫中山，我想起他曾經提出的「五族共和」，以及與辛亥革命息息相關的東南亞❶。

國民黨中央政策會執行長林鴻池、婦女部主任陳玉梅到場致意，主辦的國民黨青年團執行長殷瑋說，辦畫展只是一個開始，未來將號召更多年輕人一起投入，強化台灣社會與新移民族群的鏈結。我又想到孫中山的話：「謀世界之大同，求國際之平等。」

這實在是個可以拿來說嘴的巧合。國民黨與民進黨在二〇一二年底，分別卻幾乎同時與我們洽談，想爲東南亞移民移工做點事。法制上的問題，難度高，曠日廢時。談來談去，在農曆年前舉辦東南亞移民移工的畫展，成了最後的定案。

畫展的作品，皆是素人手筆。「四方報」從二〇〇六年成立以來，每天都收到移民移工來自全台各地的投稿。其中越南信件最多，至今已經累積到一萬八千多封。先不論越文親筆信的內容，光是看信件的材質，就令人動容。過期廢棄的月曆紙、計算紙、病歷紙，承載了滿滿的字、不專業的塗鴉，是她/他們紙短情長想表達的話與畫，也將觀者捲入她/他們的生活中、心事裡。

陳氏桃，熱愛畫畫的一個越南家庭幫傭

除了文字之外，繪畫也是來信大宗。很多寄來畫作的讀者說，他們在家鄉從來沒有拿過

❶再讀孫中山、南洋與辛亥革命 http://ppt.cc/JfIL

畫筆，但因爲身處異地，家鄉、往事，成了腦海裡揮之不去的畫面，說不出口，只能畫下。我們在累積了相當數量的畫作之後，決定籌辦畫展，藉由實體和網路空間的展示❷，讓分散台灣各地的移民移工能因爲對藝術的喜好，在虛擬空間相會，安撫彼此寂寞的心靈，也希望讓台灣的主流社會看見：她/他們不是只會打掃、煮飯、出賣勞力，她/他們和我們一樣，也有風雅抒情的一面。

陳氏桃，便是眾多讀者中的佼佼者。她是來自越南的家庭幫傭，在台中照顧老人家，空閒時愛畫畫，雇主也支持。更神奇的緣分是，阿桃的畫作在「四方報」刊出後，一位住在彰化、雅好文藝的中藥師陳錫鍠看到，驚爲天人。陳錫鍠決定要栽培阿桃，免費提供紙張、畫筆、顏料，還不時驅車直達，與阿桃討論畫作。

陳錫鍠說：「我只是捨不得有才華的人沒有機會創作。」而在繪畫中找到自信的阿桃說，將來工作期滿回越南，她要專心作畫，這是她下一個人生目標。

台灣的下一個目標是什麼？除了拚經濟之外，五族共和、天下爲公、世界大同，這些有沒有可能列爲選項？國民黨青年團與民進黨台北市黨部支持的畫展，二月底告一段落。裱了框的東南亞素人畫作回到「四方報」，等著下一次與台灣社會交流的機會。

❷四方藝廊：http://www.flickr.com/photos/bonphuong，豔驚四方畫展專頁：http://www.facebook.com/SacMau2011

異鄉的監獄，鐵窗內的煎熬

一個禮拜之內，兩度進出監獄。

先去了龜山的男子監獄。去年來過兩次，熟門熟路。穿過三道鐵門之後，交出身上的手機、相機、現金、香菸，鎖進小抽屜裡。不過，這次我們來的目的之一是採訪，所以依照先前的申請，相機可以帶進去。

在穿過第四道，也是最後一道鐵門之後，眼前豁然開朗。四周看不到高樓，大片草地修剪得很短，花木扶疏，幾隻不規矩的麻雀上下飛竄蹦蹦跳跳。走過長長的遮雨棚廊道，我們進入像是高中體育館的空蕩禮堂。幾排摺疊椅已經擺好，台上的布幕貼了大大的字：法務部二〇一三年「結髮（法）一輩子」。這是法務部和「四方報」合辦的法治教育漫畫比賽頒獎典禮。

漫畫比賽，宣導法治

二〇一一年在南洋台灣姊妹會的場子，遇到兩位官員：時任法務部保護司法治宣教科的科長吳永達，以及專員侯淯荏。

東南亞移民移工在台灣有增無減，幾十萬人難免有人犯罪。法治宣教科的任務，就是防患於未然，尤其要避免移民移工初來乍到，誤觸法網。我們最後決定以有限的經費，針對東南亞朋友舉辦法治教育漫畫比賽。以漫畫加上母語解說，或許能有點效果。

連續兩年，都有監獄受刑人投件參賽並獲獎，除了畫得不錯之外，他們等於是「現身說法」，更具說服力。我們也以此爲由，頒獎兼採訪，進了一般人不方便或者不想進的監獄。

男子監獄，他們悔恨的眼淚

幾十位受刑人穿著拖鞋列隊進入禮堂，安靜坐下，臉上沒有特別的情緒。他們穿著統一的藍色制服，剃著一樣的極短平頭，很難分辨哪一人是哪一國的。只有一兩位去年見過的越南熟面孔，興奮地跟我打招呼，我急急趨前握手，像是老友重逢。

我記得他們，記得那種突兀的感覺。去年，他們以流利的中文、和善的面容，訴說酒後殺人的意外，或是結夥搶劫的懊悔，以及十年、十五年的刑期。我專心地聽，用力控制著不動聲色。同情也不是，責罵也不是，經驗値相距太遠。

拿起麥克風，我用東南亞各國語言對大家說「你好」，原本沒有表情的各國受刑人，分別隨著我不標準的東南亞招呼語揮手，露出笑容。除此之外，我沒辦法多說什麼，找不到適當的祝福語，只能祝大家身體健康，安心過日子。

頒獎結束，被准許接受訪談的十幾位各國受刑人留下，其他人列隊離開。留下的受刑人和「四方報」編譯依照國籍分桌圍坐，用母語聊天，各國語言在高挑空蕩的禮堂中窸窸窣窣，交纏成一片。

長久住在監獄，尤其是異鄉的監獄，有人來探訪，跟他們說說母語，總是好事吧！

女子監獄，她們背後都有一個殘缺不全的故事

進入位在桃園龍潭的女子監獄，一樣必須穿過好幾道鐵門。前一道確認關上之後，下一道才能開。我們到了四樓的一個大房間，房間的一側是基督教教堂擺設，另一側是佛堂。

女性受刑人本來就少，外籍女性受刑人更少，全台灣不到四十位。獄方請出東南亞各國一共六位讓我們訪談，其中包括參加漫畫比賽獲獎的菲律賓籍邱希拉。

菲律賓本名 Precila J. Nisperos 的邱希拉，看到自己的得獎作品「孩子 Anak」登在菲律賓「四方報」，瞬間放聲啜泣、淚如雨下。她的漫畫作品「孩子 Anak」一共八頁，敘述孩子忘了父母的養育之恩、吸食毒品，最後幡然悔悟向父母道歉。其實，畫的就是她自己。

邱希拉結束與台灣老公不幸福的婚姻之後，獨力扶養一對兒女。因爲經濟拮据，因爲要養育兒女，她鋌而走險賣毒品，也因此入獄，十年徒刑。五十歲的她，滿頭白髮，一臉滄桑，外表比實際年齡大了許多。離開時，她謝謝我們來看她，然後深深擁抱每一個人。她的聖誕節心願，是趕緊刑滿出獄，與兒女團聚。

全程陪同我們採訪的女監教化科長鄭仙飛說：「這裡的每一個人，背後都是一個殘缺不全的故事。」獄方舉辦各式各樣的活動，希望收到教化之功，繪畫班、書法班、舞蹈班、話劇班、識字班、合唱團，都有。聽到有「合唱團」，我希望下次能來錄影，請她們唱一首家鄉的歌。

誰是治安隱憂？

根據法務部的資料，二〇一三年九月在台灣監獄的受刑人共五萬九千零九十二位，其中非本國籍受刑人四七二人。若只單算越南、泰國、印尼、菲律賓這四國的東南亞籍受刑人，約爲四百人。

以五十萬名東南亞籍移工、二十萬名東南亞籍婚姻移民來計算，平均一七五〇人之中，有一人犯罪入監。跟咱台灣本地人比一比，約三八三位台灣人之中，便有一人入監服刑。誰的犯罪率比較高？很明顯。台灣本地人的犯罪率，約是東南亞移民移工的四．五倍。

不過這樣的數字，對於某些民意代表來說，並不重要。他們看到「非我族類」便張牙舞爪，認定「其心必異」，頻頻以移工犯罪大作文章，將其污名化爲「治安隱憂」。這種民意代表，把問題推給非我族類、推給拿不到麥克風反駁的人，還眞是好漢呢！❶

我不會說來台灣的東南亞人個個溫良恭儉讓，絕對善良安分不犯罪。但是用常識判斷，如果眞的是天生壞痞子，幹嘛千里迢迢跑來台灣這個語言不通、人生地不熟的地方犯罪，留在家鄉魚肉鄉民豈不是比較方便？（「魚肉鄉民」這個詞，又讓我不禁想到民意代表。）

其中最被污名化的，莫過於所謂「逃跑外勞」。不過，「逃跑外勞」在逃跑之後，並不是沒事幹趴趴走，他們因爲各自不同的理由離開原本的工作，逃跑之後無不趕緊另覓頭路，受雇於台灣人。「低調」是他們的行事準則，「以工作的方式賺錢」是他們的目的。如果想要藉由犯罪來賺錢，何必來台灣？

在男子監獄擔任教誨師的方冠中說，犯罪不是外籍人士來台灣的本意：「他們來台灣，爲的是賺錢。犯罪多半是一時失控，所以進到監所之後，都特別後悔。」

---

❶參見「外勞群毆形成國與國戰爭，桃議員楊朝偉籲警方加強管理」（http://ppt.cc/-9FH），及「失聯外勞逾4萬，綠委說治安存隱憂」（http://ppt.cc/kshC）。

每個罪犯背後，都有故事

兩三個小時的會面，不會得知電影裡演的那種監獄風雲，更不可能體會天天待在鐵門鐵窗內的心情，尤其是異鄉的監獄。結束會面，互道珍重，一步三回頭，揮手再揮手。

我們穿過層層鐵門，領出手機錢包，回到日常生活。臨走前，還像觀光客一樣傻傻地在大門前合照留念。我們面對鏡頭笑著，笑得五味雜陳。

我們在暗自慶幸嗎？也許是。慶幸自己不必像監獄裡的「他們」那樣，每天早起、定時吃飯上工、走路排隊答數、傍晚定時收風、晚上和獄友側身比肩睡在擁擠的牢籠，各自想念牢籠外的人及起伏不定的日常生活。

我們該責難他們嗎？不必了。除了冤、假、錯案之外（那麼多案子，多多少少一定有冤假錯吧），法律正在以剝奪自由的形式，給予制裁。

擠進「人生勝利組」，不會僅僅是因爲自己天縱英明奮發努力，落入「人生失敗組」，也不該把所有過錯丟給一個人承擔。一如管轄三百多位受刑人的教誨師方冠中所說，犯罪不是一個人的事，每個罪犯背後，都有故事。如果你我在那樣的處境下，會不會犯錯，會變成什麼樣的人，誰也不敢保證。

不只爲了十萬元：記第一屆移民工文學獎

與高鼻深目的西方臉孔面對面，以北京腔中文交談。對方雖然說得字字清晰，但是我始終揮不去違和感。感覺像是搭公車不用買票，吃香蕉不用剝皮。

我和妻子雲章飛越半個地球，來到春暖花開、乍暖還寒的美國杜克大學（Duke University），與許多精通中文的西方人相聚數日。之所以有此一聚，是因爲羅鵬（Carlos Rojas）和安德魯（Andrea Bachner）兩位西方面孔的中文學者，正要編輯出版一本《牛津現代中國文學手冊》（*Oxford Handbook of Modern Chinese Literatures*）。正式出版前的這場跨國工作坊，是爲了讓各個篇章的作者預先交流。

將這本《現代中國文學手冊》稱爲「手冊」，實在太謙虛。由教授夫妻羅鵬和周成蔭（Eileen Chow）合編、系出同源的上一本「手冊」《牛津現代中國電影手冊》（*Oxford Handbook of Chinese Cinemas*），總共收錄了三十三篇文章，分爲歷史、形式、結構三個章節，是兩塊磚頭大小、足足七百頁的精裝本。

而將此次聚會稱爲「工作坊」，也太客氣。在優美典雅的杜克校園裡，三、四十位世界各地的中國文學研究者齊聚，簡報自己在「手冊」裡負責的章節。一連四天，一共進行三場預備工作坊以及九場正式工作坊❶，規模與討論的激烈程度，遠勝過一般的研討會。

我和雲章算得上文字工作者，但是絕非漢學家或文學研究者。之所以有幸與會，是因爲我們正在辦一個文學獎。

移民工文學獎的名稱，就叫「買塊地」

我們辦的文學獎，名喚「第一屆移民工文學獎」，英文洋名是「Taiwan Literature Award for Migrants」，另外還有越文、泰文、印尼文、菲律賓文的名字❷。參選資格只有一條：「在台生活（或曾經在台）之新移民、移工及新移民二代」。作品規則有兩條：一、文體不限，三千字內（以翻譯爲中文後估算）；二、以越文、泰文、印尼文、菲律賓塔加洛文（Tagalog）等書寫之作品。

獎金還不錯。在文化部以及幾個企業、基金會的支持之下，首獎新台幣十萬元，不輸台灣一般的文學獎。一篇文章可以換到十萬台幣，我們希望表達對移民工文學作品的敬重，也希望重賞之下有勇夫，徵集到高水準的作品。

十萬元，對於許多來自東南亞鄉間，以及有些月薪只有一五八四〇元的移工來說，肯定是筆不小的獎金，也許夠買一塊地了。工作人員集合在外籍勞動者發展協會開會討論時，「Migrant」這個英文字眼不斷出現，文學科班出身的志工林恆綿說：「Migrant 聽久了，好像『買塊地』唷！」於焉咱的文學獎有了名正言順的暱稱：買塊地文學獎。

移民工文學獎雖然是第一屆，但不是創舉。因爲台北市從二〇〇一年開始，在馬英九市長任內，工運出身的台北市勞工局長鄭村棋便以「台北，請聽我說」（Taipei, listen to me!）爲名開辦「台北市外籍勞工詩文比賽」。比賽分爲詩文組和散文組，每組第一名可獲得獎金新台幣一萬元。

當初想到這裡，不諳文學界規矩的我小聲問夥伴小林，平平是徵文，爲什麼咱是「文學獎」，他們算是詩文「比賽」？小林理所當然地回答：兩者的差別，一是獎金，二是評審。

❶九場工作坊分別為：「區域與語言」（Region and Language）、「語言與聲音」（Language and Form）、「性別與形式」（Genre and Form）、「歷史與翻譯」（History and Translation）、「時間與空間」（Alternate Geotemporalities）、「機構與結構」（Institution and Structure）、「文本與互文」（Text and Paratexts）、「女性主義、酷兒理論、生態批評」（Feminism, Queer Critique, Ecocriticism）、「當代重組」（Temporal Reconfiguration）。

❷越南文：**Giải thưởng Văn học Di dân Di công Lần thứ nhất năm 2014**
印尼文：2014 Penghargaan Sastra Pekerja Migran Pertama

聽她這樣說，我就安心了。「台北市外籍勞工詩文比賽」獎金一萬，評審是誰我不清楚。不過「移民工文學獎」獎金十萬，加上五位決選評審：陳芳明、駱以軍、黃錦樹、顧玉玲、丁名慶（原本預計爲初安民），的確夠格自稱文學獎了。五位評審，或是有移民甚至流亡的經驗，或是關心移民工議題，或是從事移民移工的社會運動，各有來頭。

什麼叫做台灣文學？

文學，是文化的重要表現形式之一。我是做報紙出身的，不敢高攀文學。不過這幾年因爲「四方報」，的確做了些與文學相關的事。

二〇一二年，從「四方報」累積的上萬封越南讀者投書中，挑選出與「逃跑外勞」相關的文章，將這些第一手的流亡經歷翻譯成中文，與時報出版社合作出版了《逃：我們的寶島，他們的牢》。二〇一三年，再將投書中與跨國婚姻有關的文章，集結出版了《離：我們的買賣，她們的一生》，呈現跨越國境、文化、語言的婚姻中不被理解與有口難言。《逃》和《離》當然不可能成爲暢銷書，但是在台灣的出版市場上，則是絕無僅有的。原本開玩笑，說要以新移民二代爲主題，繼續出版「水果系列❸」之三《茫：我們的界線，他們的眼淚》，不過二〇一三年中我這個總編輯離職，計畫擱淺。

我之所以認識小林，就是因爲《逃》這本書。出版之後，身爲獨立文字工作者的小林代表報紙副刊訪問我。我們在電話裡聊呀聊，聊到她說她從前替營建商寫文案作惡太多，想找個NGO當志工贖罪，我說妳不如來「四方報」。而後，小林也眞的來幫忙。一年之後，小林又把剛剛出版《文學理論「倒」讀》的黃湯姆介紹給我，說我們一定投緣。

於是在二〇一三年台菲海上衝突鬧得沸沸湯湯之際，我、雲章、小林、黃湯姆，加上工運大叔陳柏偉與人類學記者阿潑，在幾次熱炒店的插科打諢之後，從「少數族裔文學」的討論裡，冒出了將在台移民移工的書寫「典律化」、辦一場移民工文學獎的點子：從台灣文學的角度，希望移民移工的「身分書寫」能豐富台灣文學；從移民移工的角度，這個舞台能讓他們說自己的故事，展現自己的能量。爲了移民移工，也爲了台灣，兩全其美。

方向定了，小林立即找到一篇政大台文所教授陳芳明老師的報導。陳老師曾經在一場演講裡說：「什麼叫做台灣文學？不管什麼族群，只要寫出台灣這塊土地上任何感情、記憶，就屬於台灣文學。」

太好了，這段話簡直就是這場文學獎的理論依據！我們也需要大師加持！透過阿潑的

❸「水果系列」是玩笑話，意即書名的諧音：逃（桃子）、離（梨子）、茫（芒果）。

介紹，我和湯姆戰戰兢兢、冒冒失失地去了政大，沒想到陳老師一口答應，當天還立刻在Facebook上寫了一篇足以成爲文學獎主旨說明的文章。接下去尋求背書、支援的過程，也很順利，初安民和紀蔚然兩位老師在小酒吧裡豪爽應允，黃錦樹、駱以軍、顧玉玲、幸佳慧、夏曉鵑、翁秀琪、須文蔚、李麗華等等老師與前輩，都慨然承諾支持。

再來就是錢了。「中華外籍配偶及勞工之聲協會」潘存蓉理事長願意領銜，「外籍勞動者發展協會」徐瑞希理事長願意支援，快筆小林風風火火寫好了企畫案，向文化部申請經費，然後，進入漫長的等待，大家各忙各的去。湯姆和小林搞動物保護，雲章繼續教書上班，我則離開「四方報」去做東南亞歌唱電視節目「唱四方」。

直到二〇一四年初，文化部核定七十萬元的通知像是清晨響起的鬧鐘，提醒我們幾個月前曾經申請了這個計畫。這時我正忙著「唱四方」，還異想天開準備拉幾支移工組成足球隊，配合世界盃足球賽，辦個「東南亞加一（台灣）」足球聯盟。文化部的七十萬補助雖然遠遠不夠，一度想婉拒，但幾經思量，七十萬已經是該批補助中最多的了，而且，先前已經找了這麼多文壇前輩背書支持。終究還是放下手邊工作，打起精神，務必讓這個在熱炒店產出的點子成眞。

說幹就幹！手腳最快的小林馬上用免費軟體做了網站，湯姆推敲琢磨參賽辦法，唱四方的企畫蔡雅婷找人翻譯，我們每天半夜在FB上討論或吵架，其他熟朋友，也被我們毫不客氣地拉來當志工。

我最大的任務是籌錢和找單位協辦。運氣很好，過程出奇地順利，台灣文學館、和碩聯合科技、西聯匯款、誠致教育基金會、成舍我基金會、小英教育基金會、新台灣人文教基金會，以及眾多單位和師長、友人❹，都毫不猶豫地給予實質和精神上的贊助。

接著，透過各地政府單位與民間組織，透過越南、泰國、印尼、菲律賓四國在台辦事處，透過幾乎在台灣的所有東南亞母語媒體：「四方報」、*The Migrants*、*The Manila Post*、*Intai*、TIM、中央廣播電台，「第一屆移民工文學獎」的消息散布出去，並在台北的永樂座書店開了記者會。

將在決選擔任評審的顧玉玲，在記者會上給了這個文學獎一句精準的評語：「這個文學獎感覺挺亂的。」

顧玉玲當然是以貶代褒。她說，這個文學獎很邊緣、眞實，也亂得恰恰好。徵件作品不限文體，評選過程既有網路投票，也有專家評選，這樣保持異質性的設計，正呼應移民工群

---

❹名單在此：http://2014tlam.blogspot.tw/

體的社會狀態。

考量消息傳播的速度，我們將徵件期間拉長到兩個半月。在六月底投稿截止時，一共收到了二六〇篇四國語文的稿件（印尼一〇七篇、菲律賓七十四篇、越南六十三篇、泰國十六篇），四國母語評審和網友們，挑出了四十二篇入圍作品。四語編譯在倉促的時間內，快馬加鞭地將入圍作品翻譯爲中文，我和小林、雅婷、玉鶯連夜整理，把中文稿快遞送到五位決選評審的手裡。

五位決選評審將決定誰有資格拿到獎金十萬的首獎、獎金八萬的評審獎，以及獎金兩萬的六位優選。

評審會議

評審仍然在永樂座書店舉辦，現場開放。五位評審坐在中間，工作人員和進出書店的客人圍在四周，氣氛有點肅殺。

評審主席陳芳明坐定，請大家先說說看完稿子的感想。從答應擔任評審之初就不斷表達罪惡感的駱以軍，在大鬍子粗獷外表下溫柔細膩：「他們是在『我們』裡面的異鄉人，但卻像默片裡的遊魂，這是第一次透過文學獎來表述自己。」「那麼多不可能虛構出來的創傷、感性、破碎的家庭、破碎的愛情、對人的信任與原諒、對自己信仰的神的禱告……打破了原本這個主流媒體社會對於她們『無聲的／無由言說自己』的印象。」

唯一的女性評審顧玉玲，因爲長期從事移民移工運動，並不是第一次看到這類文章。她表示，文章中的細節描述最能吸引她，有的作品描寫出移民工眼中的台灣，尤其是城鄉差距，非常深刻。

任職印刻雜誌副總編輯的評審丁名慶，則表明自己對移民工沒那麼熟悉，所以評選從出版專業的角度切入，挑選故事性強的作品，希望能讓台灣讀者會更願意去了解、感受移民工的處境。

對於移民移工的處境，本身也是從馬來西亞移居台灣的評審黃錦樹自問：「在文學獎之外，是不是還有其他我們可以做的事？」回到作品，黃錦樹強調，詩的部分，因爲依賴母語，需要押韻，沒辦法譯，只看中文的話完全不行，很難找到評審能夠判斷優劣，比較吃虧。他建議，若明年繼續舉辦，應該限縮文類，因爲不同文類的要求不同。黃錦樹也對部分作品中反覆提到宗教信仰、感謝上帝不以爲然。

對於作品裡濃重的信仰成分，陳芳明則有不同的意見。他認爲宗教力量在移民的生活裡面很重要，「協助他們可以在陌生土地上穩定下來」，「也是一個自我救贖的過程」。從一開始就參與籌備的陳芳明說：「這是第一屆，是個實驗的過程。」「我在閱讀時，不會從文學美感切入，而是從作者所呈現的喜悅、恐懼等等那些生命經歷。」

經過了兩輪投票，將近三個小時的冗長討論，結果出爐。參賽稿件並不多的越南文作品，拿下了首獎、評審獎及兩個優選，稿件最多的印尼文作品拿到三個優選，泰文作品有一件被選爲優選。

菲律賓語的作品全軍覆沒，沒有得到決選評審的青睞。這對主辦單位來說有點傷腦筋。我當下向評審團反應。「沒辦法，已經投票了。」陳芳明老師笑笑。

文無第一，競賽不可免的公平性問題

比賽結果公布之後，果然有不少來自菲律賓社群的質疑。包括對於網路投票中有人灌水作弊，包括爲什麼都是描述自我悲慘處境的作品得獎，也包括決選評審的自我質疑：決選評審看不懂原文。

整個籌辦過程，的確不少紕漏，尤其最後階段免費網站數次當機，還偏偏只當掉菲律賓語的頁面。對於質疑，主辦單位當然要一一道歉與說明。我一邊回應說明也一邊想，幸好這不是官方主辦的活動，否則非下台謝罪不可。同時也覺得又冤枉又好笑，沒人逼我們，是我們自己撿石頭砸自己的腳呀！

關於網路投票有人灌水作弊，我們的確低估了十萬元獎金的誘惑與大家的電腦能力。因爲當初工作人員測試時，是沒辦法灌水的。只能道歉。同時也要考慮萬一隔年再辦，該不該繼續採行網路投票。但是另一方面，因爲網路票選只是初選，過關的作品還是必須通過決選評審這關，所以問題不大。

至於決選評審看不懂原文，這肯定是所有跨文字的文學比賽都無法解決的難題，只能看到翻譯後中文稿的決選評審們，也都自謙「不眞正夠資格當這些作品的評審」。實務上，這實在辦不到，畢竟不可能找到同時精通多國文字的評審（而且精通的程度還要一樣），我們只能自嘲或者自抬身價，把「第一屆移民工文學獎」拿來和「諾貝爾文學獎」相提並論。

而在內容上，則是見仁見智。除了詩作特別會因爲翻譯而失去原味，也因此都沒能得獎之外，其他內容或喜或悲，端賴評審的主觀判斷。

像我自己，因爲曾經擔任「四方報」總編輯，而「四方報」長年鼓勵移民移工寫出自己的眞實故事，幾年下來，已經看過太多各式各樣的悲慘情節。所以在這次文學獎的四十二篇入圍作品翻譯爲中文之後，比較讓我驚豔的，反倒是其中幾篇虛構的小說。

例如，最後獲得優選的印尼文作品〈業豐和 CARLOS 的故事〉，作者以家庭幫傭的角度，描述主人家的唐氏症男孩與家中愛犬之間的感情，還設計了男孩帶著垂死老狗離家出走的緊湊情節，細膩動人。但同時，她也毫無控訴、不著痕跡地，呈現了外籍幫傭在主人家中的位置：比得上一條狗嗎？

不過除了顧玉玲之外，其他幾位決選評審都是第一次接觸到這麼大量的移民移工作品，而文中不被台灣主流社會重視的悲慘情節，也格外讓他們驚心。

例如拿下首獎的作品〈他鄉之夢〉，文中作者因爲家貧來台工作，與同樣來自越南的男子墜入愛河，但男友回越南之後卻背叛了她，並且與作者最好的朋友出雙入對。同時，作者的工作遇到了困難，她恐將被迫返鄉。背負著家中的債務、懷著對昔日情人與友人的怨懟，作者匆促間嫁給一位台灣男人，而婚後這台灣男人對她冷淡薄情，甚至阻止她外出工作，也不給她錢花用：「給妳吃給妳住，有水有電讓妳用，還要錢來幹什麼？」

評審駱以軍說，這篇文章的作者爲命運下賭注，有種非常恐怖的平淡跟認命。「她很怪，不斷的承受，又不斷的騙她媽媽我過得很好。離鄉人的痛、被背叛的痛，脫離一個噩夢之後，又掉到另一個更恐怖的噩夢。一路下來，我所有痛苦的觸鬚都被她感動。尤其最後結尾的那句，讓我起雞皮疙瘩。」留著絡腮鬍的駱以軍這麼說。

這篇文章的末尾，作者用了一句描述女子無法掌握命運的越南語俗諺，讓所有評審再三嘆息：「女孩之身好比十二渡頭，怎知何處清澈何地污濁?」（Đời người con gái như mười hai bến nước, biết bến nào đục bến nào trong）。

從台灣汲取文學養分

武無第二，文無第一。所有的文字競賽，都難免遇到類似的公平性問題。

不過對我來說，文學獎只是手段，這個活動打從一開始，便是個聲東擊西、掛羊頭賣狗肉的任務：一方面以文學作爲通道、以獎金做爲誘惑，將移民移工拱上舞台，進而受到多一點重視；另一方面，則是請移民移工以文學的形式，說出他們對於台灣的「評語」。

是的，繞了一圈，最終還是指向台灣，我們自己。

一位參賽者在得知獲獎之後，寫下她的心情：「當我接到電話，通知我的參賽作品進入決審階段，我又開心又感動，我哭了，那不是因爲龐大的獎金，我開心是因爲有人看了我的作品，有人有了同感。我只希望自己以及那些在他鄉當媳婦的女孩們的生活，能夠有人照顧、保護及幸福，好讓我們減少思鄉、離家的難過心情。」

除了受教於「先進國家」對台灣的指指點點，除了從上而下「看見台灣」之外，我們希望這些多半處於台灣社會底層的東南亞移民移工們，以迴異於「我們」的視角，將他們的七情六欲和所見所聞化爲文字，留下歷史，也給台灣一段更眞實更貼近歷史的評語。

至於明年還要不要辦？我們要不要繼續找石頭來砸自己的腳？再說吧！就算明年要辦，也未必要由我們這群各有其他工作的志工來辦。我們這麼「有才」，應該成立個專辦「第一屆」的社會企業才對。例如這次是第一屆移民工文學獎，先前是台灣「第一個」多國媒體集團「四方報」，以及「第一個」東南亞語的電視節目「唱四方」，文學獎辦完之後，應該重新啓動胎死腹中的「第一屆東南亞＋1足球聯賽」，還要趕緊成立「第一間」東南亞書店。

不過，理想上當然希望文學獎能繼續。如當初一塊發起的黃湯姆在臉書上所寫的❺：希望二〇一四的移民工文學獎，是個起點，我們想像十年後它可以結束，或許那時我們已經有了這土地上的卜婁杉❻或哈金❼，也或許那時的異國文學裡，有著一位曾從台灣汲取文學養分的賽珍珠❽或歐威爾❾。

---

❺黃湯姆 facebook：https://www.facebook.com/photo.php?fbid=10202620931657757&set=a.1416990338049.61174.1031318422&type=1&theater

❻卜婁杉（Carlos Bulosan），作家，出生於菲律賓，旅居美國。

❼哈金，華人作家，旅居美國。

❽賽珍珠（Pearl Sydenstricker Buck），作家，出生於美國，旅居中國。

❾歐威爾（George Orwell），作家，出生於印度，旅居英國。

社會企業，一起去人少的地方找寶藏

我是一個貪心又懶惰的人，從來只做穩賺不賠的事情。

怎樣才能穩賺不賠？沒有興趣的事情隨便做，及格就好，不及格也無所謂。有興趣的事情拚命做，事情沒成至少拚個痛快，事情如果成了，那就賺翻了！

二〇〇六年中秋節前夕，黑白印刷、薄薄十六頁的越文「四方報」誕生。捧著這份自己也讀不太懂的報紙，我按捺不住興奮，臨時起意，把剛剛出爐的「四方報」塞滿一車，花了兩天一夜，親自開車把報紙送到桃園、台中、南投、台南，跑得很累，心情很好。

直到七年後離開「四方報」總編輯一職，總的結算，當然是大賺不賠。

我的好運氣，做自己喜歡的事

我不是新聞科系畢業的，也毫無東南亞相關血緣或親人，幹嘛這麼拚了命似的投入「四方報」？我覺得是我運氣好。我的運氣一直都不錯。之所以進入「台灣立報」上班，只是想找一份文字餬口的工作。朋友李茶說，青年另類週刊「破週報」缺人，於是我投了履歷。沒想到消息錯誤，其實是「破週報」的母報「台灣立報」缺人。履歷不知怎麼跑到社長成露茜手裡，她親自面試，我進入「台灣立報」成爲政治組記者。

因爲之前念的是公共行政，所以應付政治組記者這份工作不成問題。一年之後組長王而立另謀高就之後，我甚至當上了政治組組長。「立報」改組，政治組廢除，我轉調爲綜合組組長。工作兩年之後，老長官王而立原本想要挖我去電視台，沒想到社長成露茜一通電話打去罵王而立，我跳槽不成，但是社長也看出我已經有點坐不住了，給了我個難題（或者挑戰），要我去接業務部經理。

我適合做業務嗎？不適合吧！不過既然老闆都不怕，我也沒啥好怕。接了兩年，勉強對於日報的發行與廣告一知半解，找來原本淡水派報處經理郭慶璋接手，我回到編輯部。而社長實在對我太好，先讓我當她的特別助理，又讓我兼編輯部副總編輯。

「台灣立報」的理念我認同：打造一個多元、公平、乾淨的社會。然而，靠我們這樣一個每年預算有限的組織，眞的可以打造出來嗎？我在權責範圍內想來想去、試來試去，搞不出名堂。社長這麼看重我，我也不能辜負她，唯一名正言順的落跑之途，就是去讀書。

剛巧社長給了我兩本東南亞史、雲章拿了暨南大學東南亞研究所的簡章，又剛巧九二一大地震認識的沈婉玉也說要去考，於是我糊里糊塗考上了東南亞所，重當學生，遠離台北。

Poly Voices，誕生

讀書是充實自己，但也是某種逃避，逃避不知道何去何從的處境。我被稱爲「老頭」，跟著小我十歲的同學一起打球、一起讀書、一起到東南亞做田野，轉眼學分修完，還不知道下一步怎麼走。

社長繼續收留我，給我一些研究助理的工作，而且提出一個絕佳的點子：辦一份給在台灣的東南亞人看的刊物！這簡直是爲我量身打造的工作！

先前覺得媒體這行沒啥搞頭，台灣的媒體已經多到滿出來了。但是，台灣仍欠缺專爲東南亞移民移工服務的媒體，遑論提供管道讓他／她們自主發聲。我既然對東南亞有一點點了解，也在媒體打滾十年，如今老闆要支持，豈不是天賜良機？

二〇〇六年，社長成露茜找了我、廖雲章、丘德眞，密集商量著以「台灣立報」爲基礎，辦一份針對東南亞移民移工的刊物。丘德眞是「破週報」前主編（該報爲台灣立報報系刊物之一，針對年輕人發行之都會免費週報），熱中泰國文化，會一點泰文。廖雲章是「台灣立報」副總編輯兼世新大學新聞系講師，也是我太太。而我自己則是尚未畢業的暨南大學東南亞所研究生兼「留職停薪」的「立報」副總編輯，剛剛從越南短期遊學返台，學了一點越南文。邱德眞負責泰文報，我負責越文報。

一開始總是前途似錦、滿懷希望，隨之而來必定是種種技術上、心理上，以及時間、經費上的困難。例如，找不到適當的美編人選，我就自己下海了。依賴對排版系統「北大方正」的生疏記憶，在不熟悉的蘋果電腦上操作剛剛認識的 Indesign，編排著仍舊陌生的越南文字。

雖然所知仍太有限，但是已經迫不及待。也許之後會有那個大財團或大有爲的政府，願意提供新移民一份、兩份、更多份的定期刊物。總之，現在太少，等不及了，早一天是一天。移民工對於閱讀的飢渴與缺憾在我的想像裡不斷放大，我不能再忍受他們看不到自己的文字的飢渴與缺憾，我迫不及待想看到越南朋友看到越南文字時的興奮與激動！

耗了三天，我摸索著編出了十六個版的大樣，也算有點譜，心裡扎實一點，起碼不是空有想法。大家都期待著這份刊物，不管看不看得懂。我覺得自己背負著多樣且沉重的期待，似乎能開創個什麼天地，興奮又心虛。

「四方報」終於出刊的那天，我原本以爲自己會感動得掉眼淚，其實根本沒這個心情。太興奮或者太疲倦或者太沉重或者太複雜，天亮了還沒睡。隔天，把「四方報」裝上母親老舊的喜美轎車，全台送報去。

開始困難，還是繼續困難？

雖然我在報社的編輯部、業務部都待過，但是眞正要從無到有搞一份刊物，才發現自己懂的還是太少。尤其在刊物製作流程中原本最熟悉的內容，卻因爲這是一份以刊登我不太懂的越南文爲主的刊物，使得一切都得從基礎打起。

而籌措經費談廣告，對我也是極大的挑戰。還記得第一次某個匯款公司要約我談廣告，我拉著雲章一起去。去之前的兩三天，我一直想像著自己拂袖而去的姿態。

雖然我在業務部待過，知道大致的規矩：定價只是參考，打折是一定要的。最初的報價不算數，還要再給客戶下頭養的媒體購買公司一點折扣，不然媒體購買公司沒辦法向出錢的客戶交代。客戶也知道媒體購買公司有這樣的功能，雖然省下來的錢，也不過是進了媒體購買公司的口袋。

可是，我極端不想浪費時間在這裡討價還價勾心鬥角，時間應該花在更有樂趣更有意義的事物上。媒體購買公司的小姐溫言軟語要我再給個折扣，「就五百塊吧！」這是她的任務，也沒多過分。我一時計算不出這是打幾折，而且賣廣告賣版面這檔子事，本來就有點買空賣空的性質，但，遇到這個預想中可能出現的商場語言，卻突然讓我怒火上衝，覺得自己開始臉紅脖子粗，耳朵嗡嗡作響。我暫時沒講話，也不想看對方，躺在椅子上拿下眼鏡仰頭用力揉臉。拂袖而去的姿態呼之欲出。

雲章稱職地扛起白臉的角色，解釋我們本來並不打算刊廣告，很多人希望贊助，也不一定眞的要刊這個廣告……。我揉完臉，戴上眼鏡提高聲量劈頭說，之前就和要出錢的客戶說過了，我來，希望只和你們（媒體購買公司）談程序，不要再談價錢！

媒體購買公司的小姐大概沒遇過這麼不上道的傢伙，大概看出我完全沒有降價的打算，大概也知道客戶原本就一定要刊廣告，好聲叫我別生氣。可惜我終究沒等到那個拂袖而去的爆點。不過我看她也心不在焉，沒準備眞心了解這份刊物，可能是因爲她的下一個客人已經在隔壁間等了。雙方沒什麼超過大前天電話裡就達成的結論，其他的部分，她說還要回報客戶，就這樣。

幹嘛一定要浪費時間起個大早見面談？我盤算著下回談廣告的方式。定價就是定價，沒折扣，電話、EMAIL 可以談定的事，就別浪費彼此的時間精神。僅有的折扣是隨著刊登時間拉長而減少的麻煩，一季九折半年八折一年七折，我有限的數學能力和腦力只能允許這樣簡單的計價。保存下來的力氣，用來做內容，用來想辦法怎麼讓這份有人很需要的刊物送到他們手中。

離開，再出發

常常被問到：「四方報一開始的時候很辛苦，對吧？」也許是吧，開始總是難的，要把資源兜攏，要無中生有。但是，開始也並不那麼難，至少沒那麼大的成敗壓力。反正這件事情沒人做過，就算搞砸了，大不了回歸現狀。幸運的是，所謂「人有善願天必從之」，「四方報」得到各方面的幫助，獲得意料之外的成功。

但其實，繼續更難。「四方報」不斷擴張，發想創辦的社長成露茜重病、繼而辭世，我面對各種內容、人事、通路、財務的疑難雜症，以及方向的掌握，覺得漸漸超出自己的能力負荷了。

也許是因為聽了羅大佑的〈戀曲1980〉的緣故。我一直覺得，沒有什麼是永遠的。這幾年流行「社會企業」（Social Enterprise）這個詞，「四方報」也一直被掛上「社會企業」的頭銜。

社會企業有個琅琅上口的短定義：「運用商業模式，實現社會目的。」也就是說，「商業模式」是手段，解決社會上某一種問題，才是最初與最終的「目的」。

「四方報」的社會目的，在於以定期母語刊物的形式，提供新移民/移工必要資訊及發聲管道，穩定其情緒，協助其了解台灣社會，期望繼而凝聚力量，爭取應有的權利。另一方面，也希望以這份持續發行的刊物，逼使主流社會看見少數族群的存在，進而促進溝通、創造連結。而以「四方報」爲核心發展出的林林總總，包括我現在另外做的電視歌唱節目「唱四方」、「移民工文學獎」，也都是圍繞著同樣的社會目的。

可以這樣說，「四方報」本身即是爲了「社會目的」而創辦、而存在，符合社會企業最根本的要求。「四方報」算不算運用了「商業模式」？無需在意。然而，要是「四方報」不是爲了「社會目的」而經營，就一點存在的價値都沒有了！

另外，「永續經營」也常被認爲是社會企業的指標之一，這點我不同意。

如果「實現社會目的」是社會企業存在的根本意義，萬一「目的」已經達成，何需永續經營？萬一，有其他方式也可以達成同樣的「社會目的」，何必死守同一個組織同一個法門？又萬一，該社會企業無法達成該「目的」，就更不需經營、沒有永續的理由了。

企業無需永續，人當然更不需要永續。我在七年之後，覺得累了，該離開了。對內宣布辭職沒兩個禮拜，發生了便當文事件，也加速敲定了我的辭職。

當初在社長成露茜的指引下，辦起了「四方報」。現在社長已經過世，我也年過四十，雖然不太能再那麼瀟灑地無所事事，卻也因爲這幾年的磨練，比較有自信。相信踏穩步伐，一定可以繼續走下去，相信人少的地方，反而容易找到寶藏。

（文續前扉頁）

感動心得分享（依姓氏筆畫序）

郭力昕（政大傳播學院副教授）：讀張正的文章，對我是一種啓迪。他的文字活潑有趣，很會說故事，讀來津津有味。而他的故事都連結著各種重要的議題、反省的觀點與進步的世界觀。張正是一位能蹲下來做事的人，但當他起身發言時，又能如此深刻、有感染力。這樣的作家與行動者，實在太稀有，太珍貴。

船橋彰（《印度以下，風景以上。》作者）：遠行是理想的實踐，離鄉需要揹負勇氣，而他方總是遙遠，長路也總是孤寂。你我都是生命裡的旅行者，一定明白這些人值得珍惜。

梁東屏（前中國時報駐東南亞特派員）：對於外間的事，台灣長久以來所關注的，似乎只有美國、日本兩個地方。實則，如果從民間層次來說，台灣跟東南亞國家之間的關係其實更爲密切。但無論媒體或文字著作，卻鮮少有觸及於此者。前「四方報」總編輯張正的新書《外婆家有事——台灣人必修的東南亞學分》，從各種新鮮有趣的角度切入，暢談東南亞國家的種種，值得讀者細細品味。

廖雲章（天下雜誌教育基金會研發長）：張正是台灣第一個膽敢文盲辦報的媒體人，也是少數深入東南亞田野，和摩托車司機抽菸、與街頭理髮師喝啤酒交朋友，還能用破碎越南文採訪的總編輯。這本評論集結張正多年的觀察體悟，穿透刻板印象的迷霧，直指台灣視而不見的東南亞。

駱以軍（小說家）：他（她）們原本就在我們裡面。我們因傲慢、偏見，使得那繁華如夢，比我們更古老細緻的文明——每一個移民都有他（她）動人的故事——我們讓他（她）們像活在冷酷異境的無聲電影。我們錯過了讓我們成為一座溫暖友善的「多民族博物館」的美麗島嶼。如果我們有多一點像張正這樣的人就好了！這是一本有趣、誠懇思索、娓娓解釋我們對東南亞太多無知誤解、一本感人的書。

鍾玉鳳（琵琶演奏家、北藝大兼任講師）：經濟的強勢支配與漢文化的優越感，讓我們有意無意把他們視為生活的綴飾，並推向族群與階級的不利位置。七十萬的東南亞人，不是來稀釋台灣的主體性，而是為島嶼灌注新的活力，輸入原生文化的豐富與力量。張正的《外婆家有事》正是為我們接合了新族群、新文化的第一步。

鍾適芳（音樂製作人、策展人）：此刻，生活在曼谷。在這個交雜著在地與國際視角的城市望向四方，台灣位在模糊且邊緣的位置，不是台灣人自我想像的中心。曼谷計程車上，在台灣打工兩年的司機以泰語篤定地說：「台灣很不美！」張正的《外婆家有事》提醒我們看見，在台灣的日常裡，我們所共同縱容的「不美」。

藍佩嘉（台大社會系教授）：國際化只是超英趕美嗎？東南亞只是海灘小島嗎？這本書告訴你真正的東南亞，以及全球化就在台灣的屋簷下。